二十一世纪出版社集团
21st Century Publishing Group

技术精深 功高至伟
为人师表 无私奉献
纪念敬爱的陈芳允
院士

沈荣骏
二〇一六年
十一月

中国工程院院士　中将军衔
中国载人航天工程首任副总指挥

国家出版基金项目
NATIONAL PUBLICATION FOUNDATION

科学追梦人
系列

遥控星际

马京生◎著

“两弹一星功勋奖章”
获得者陈芳允的故事

二十一世纪出版社集团
21st Century Publishing Group

图书在版编目（CIP）数据

遥控星际：“两弹一星功勋奖章”获得者陈芳允的故事 / 马京生著. -- 南昌：二十一世纪出版社集团, 2023.8

（科学追梦人系列）

ISBN 978-7-5568-7768-3

Ⅰ. ①遥… Ⅱ. ①马… Ⅲ. ①陈芳允（1916-2000）-传记 Ⅳ. ①K826.16

中国国家版本馆CIP数据核字(2023)第171457号

审订专家 中国卫星发射测控系统部 兰宁远

YAOKONG XINGJI LIANGDANYIXING GONGXUN JIANGZHANG HUODEZHE CHEN FANGYUN DE GUSHI

遥控星际：“两弹一星功勋奖章”获得者陈芳允的故事 马京生 / 著

出 版 人	刘凯军
策　　划	杨　华
责任编辑	杨　华　张爱玲
装帧设计	赵　倩
出版发行	二十一世纪出版社集团（江西省南昌市子安路75号　330025） www.21cccc.com
经　　销	全国各地书店
印　　刷	北京顶佳世纪印刷有限公司
版　　次	2023年8月第1版
印　　次	2023年8月第1次印刷
开　　本	889 mm × 1360 mm　1/32
印　　张	4.5
字　　数	60
书　　号	ISBN 978-7-5568-7768-3
定　　价	28.00元

赣版权登字-04-2023-596

购买本社图书，如有问题请联系我们：扫描封底二维码进入官方服务号。

服务电话：010-64462163（工作时间可拨打）；服务邮箱：21sjcbs@21cccc.com。

目录

引 言
布下天眼之网的科学家

蔚蓝色的苍穹广阔无垠，许多人造卫星在默默运行。陈芳允是中国卫星测量、控制技术的奠基人。20世纪70年代，从中国第一颗人造地球卫星“东方红一号”开始，他就开始设计天网蓝图，遥控指挥着中国卫星在太空布网。

陈芳允的工作就是做那根看不见的风筝线，牵引着飞上太空的卫星——他在地球村，遥控指挥着36000公里之外，地球同步轨道上遨游的卫星。

半个世纪弹指一挥，2020年6月23日，西昌卫星发射中心成功发射北斗系统第55颗卫星，即北斗三号的“收官之星”，至此，中国北斗全球卫星导航系统星座部署全面完成。而这套系统正起源于陈芳允的“双星定位通信系统”。

千千万万的人受益于此：在通信卫星的帮助下，你打开电视机，就可以从地球这端看到地球那端；远隔千里，不同肤色、不同国度的人，可以“鸡犬之声相闻，歌舞之乐共赏”。

2020 年 7 月 31 日，当习近平总书记庄严宣布“北斗三号全球卫星导航系统正式开通”，陈芳允的名字又一次被人们提起……

1 第一章 辗转曲折求学路

01

走出黄岩去上海

葱郁的九峰山苍松翠柏，橘林片片，在中国雄鸡状的版图上，这个地方就是浙江省黄岩县。

1916年4月3日，陈芳允就出生在这里。

陈芳允的父亲陈立信毕业于保定陆军军官学校，早年追随孙中山投身革命，长年在外。母亲身体瘦弱，生下陈芳允后身体一直不好。祖父非常疼爱这个陈家的长孙，就常常把他带在身边。

1921年，陈芳允5岁时，家中请来了一位私塾先生，陈芳允开始跟着先生读《三字经》《百家姓》《幼学琼林》，背诵那些“之乎者也”。

陈芳允6岁时，妈妈病故了，这使他变得少年老成起来。

1925年，陈芳允9岁时，父亲让他搬到私塾先生朱希晦家里住读，他似懂非懂地学了三年《古文观止》和“四书”“五经”。

1928年秋，12岁的陈芳允到黄岩县立中学读初中，和更多的同龄人在一起学习生活。这里的学习在形式和内容上都与私塾大不一样，学校的课程可比单一读古文有趣得多，新鲜得多。他的学习兴趣大大提高，语文、英语、数学等主要课程都取得了优异成绩，为他进一步深造打下了良好的基础。

1931年夏，陈芳允考进了上海浦东中学的高中部。这所学校是清朝末年的教育家杨斯盛创办的。杨斯盛为了办好这所中学，把自己的全部家产捐献出来，节衣缩食艰难度日。了解学校的历史后，陈芳允深为感动，下定决心要好好学习。

父亲陈立信对他说：“我希望你将来不要想做大官，要做大事，要在社会上立自己的业绩。”父亲这句话像烙印一样深深地印在了陈芳允的心里。

陈芳允进入高中不久，就发生了震惊中外的“九一八”

青年时代的陈芳允

事变。1931年9月18日夜，日本帝国主义炸毁了沈阳北郊南满铁路路轨，并嫁祸给中国军队，然后以此为借口突然袭击东北军驻地北大营。

国民政府为了避免事态扩大，采取“不抵抗”政策，不到半年时间，沈阳沦陷，长春沦陷，哈尔滨沦陷……东北三省大好河山沦为日本人的占领地。日本侵略者的入侵激起了全国人民的愤怒，年轻的陈芳允认为“国家兴亡，匹夫有责”，他要为赶走日本侵略者贡献自己的一份力量。他积极投入上海青年学生的反日游行队伍里，到南京向国民政府请愿，争取全民动员，武装抗日。

总统府外请愿的学生人山人海，蒋介石被迫接见学生，拿出“训词”，要学生回校安心读书。学生们听后很愤怒，反问蒋介石：“东三省大片国土沦陷，几千万同胞成了亡国奴，学生岂能安心?！”最后，蒋介石虚伪地表示“个人决心北上”以欺骗舆论。

但学生回到上海后，却听闻日军大举进攻锦州，扰乱天津，国民政府代表竟在国际会议上提出“锦州中立，天津共管”等卖国主张……陈芳允和同学们的请愿没有成功，他开始思考走什么路才能救中国这个问题。

陈芳允三年的高中生活在抗日运动中一晃而过，1934年高中毕业时，他已经认识到：中国要强盛，不受列强的欺侮，科学技术必须跟上世界现代文明的进程。他要继续读书，他要用自己所学的知识报效祖国，走“科学救国”的道路。

02

交通大学落榜上清华

命运真是个奇怪的东西，有时很难说清失败是不幸，还是下一次成功的机遇。

1934年7月，陈芳允报考国立交通大学（今上海交通大学），但令人意外的是，他落榜了。就像一瓢冷水泼在头上，他一下子清醒了许多。

没考上国立交通大学固然是一种悲哀，但上天又给了陈芳允一次新的机会——北京的清华大学到上海来招学生了！他迅速调整好心态，重新走上考场。

当时的清华大学已经很有名气，各省的状元都一心向往，而清华也确实培养出了许多人才，如在为“两弹一星”研制做出突出贡献的23位功勋科学家中，就有14位毕业于清华大学，其中11位还出自同一位清华名师——物理学家叶企孙门下。

当时，陈芳允不曾想到自己会考进清华大学并在叶企孙门下读书，更没想到半个世纪后他会成为著名的无线电电子学家，为国家做出重大贡献。那时他就是不服输，凭着自信走进了清华大学的考场。

清华大学出的考题数量不多，但难度不小，题目很活，需要考生独立思考。这样的题目正好是陈芳允擅长的，他各科目都考得不错，轻松走下考场。一个月后，他收到了清华大学的录取通知书。

1934年秋，陈芳允进入清华大学机械系学习。但令他印象最深刻的却是第一堂国文课。主讲老师是著名文学家朱自清，他不仅“文”写得好，“教”也极严谨。陈芳允喜欢朱自清的散文——意境清新优雅，语言抒情质朴。特别是那篇《背影》，勾起了陈芳允对爷爷的想念——爷爷花白的头发，苍老干枯的背影，终日辛劳做活儿，这使他想到能来北京上大学是多么不易……他正陶醉在浮想联翩中，只听朱自清教授开始评点考试作文了。

朱自清说："我认真阅读了诸位同学的应考作文，其中有一篇给我留下了深刻的印象。这位同学写的《夏夜的昆虫》，从文章上讲，既有条理，又有章法，描写生动，夜景也写得很优美，可惜却犯了一个常识性的错误——他把青蛙也算在昆虫里了，他笔下的青蛙叫声变成了虫鸣声。他想当然地把带有'虫'部首的蛙归类到昆虫类里了，但是，因为他的文章写得好，我还是把他录取了。"

陈芳允坐在下面，脸一阵儿白一阵儿红。他心里明白，朱先生虽然没有点名，但那个把青蛙当昆虫写的学生就是自己。

陈芳允悄悄瞄了一眼朱自清，朱自清也瞧了一眼陈芳允，他们目光相撞。陈芳允生怕朱先生知道自己就是写《夏夜的昆虫》的学生，赶紧把头低下去，再也不敢直视朱先生了。

陈芳允的心怦怦直跳，担心朱先生把他的大名公布于众，然而，朱自清只是就作文的章法侃侃而谈，却始终没有点出陈芳允的大名。下课后，陈芳允跑到图书馆才算弄清楚：青蛙属蛙科，具有平滑、潮湿的皮肤，后足趾间蹼发达，多以昆虫为食。陈芳允的心咚地一跳，幸亏有朱自清先生指点，否则还不知道要闹出什么笑话呢！

他们师生感情非常好。在学生陈芳允的眼里，朱自清教授为人忠厚朴实，平易近人，学生们都喜欢去找他求教，尤其是爱好文学的学生。陈芳允虽然对科学更感兴趣，可他也经常到朱自清那里求教。朱自清也喜欢这个文笔优美却错把青蛙当昆虫的学生，想把他培养成文学家。可陈芳允的兴趣在科学上，他不想走文学之路，但这并不影响他们师生之间的情谊。陈芳允从恩师那里深切地懂得了学习不能满足于一知半解，要老老实实做学问，切不可大而化之。

03

果断转入物理系

人生中，往往一个关键的选择就决定了未来，陈芳允就是在大学的专业选择上迈出了人生关键的一步。

他在清华大学机械系读了一段时间后，越来越觉得机械专业不适合自己，他总是提不起兴趣来。尤其是那些工程绘图——横竖错杂，密密麻麻，就像蜘蛛网，总是令他感到眼花缭乱。他耐着性子好不容易把图画好，时间用了不少，结果却往往不甚满意。

而他对物理课的兴趣却越来越浓厚。物理课的主讲老师是吴有训和萨本栋两位教授，他们的课讲得形象生动，很有趣味，常常把陈芳允带入一个美妙的世界。陈芳允到了晚年还清晰地记得自己在清华园里上物理课的情景——

吴有训先生在科学馆二楼南边大阶梯教室讲课时，下面常常座无虚席。学生们都全神贯注地看着吴有训先生在黑板上书写，听着他那略带江西口音的讲解，惊奇地欣赏他的物理实验“表演”。在沙沙的记笔记声中，时间一晃而过，往往下课了，学生们还意犹未尽。

每周物理小考，陈芳允都是优秀，这使他对学物理有了信心。期终考试时，他的物理得了最佳，于是他决定要转学物理专业。

当时，吴有训教授也注意到了这个物理成绩优异又心灵手巧的学生。陈芳允虽然不大爱说话，但做起实验来有板有眼，一丝不苟，而且善于动脑子提出问题。吴教授打心眼儿里喜欢他，所以当陈芳允提出想换专业时，得到了吴教授的大力支持。当时，清华大学物理系是很难进的，但因为陈芳允的普通物理课学得好，除吴有训外，叶企孙、萨本栋和周培源等老师也很喜欢他，于是就一起帮助他由机械系转到了物理系，主攻无线电电子学。

大二，陈芳允进入物理系学习。吴有训专门找他谈过一次话，主要谈了两方面的内容：一是鼓励他好好学物理；

二是着重强调了动手做实验的重要性，让他把实践放在第一位，要理论联系实际。

吴有训认为，陈芳允是从机械系转过来的，基础弱，所以更应该多选实验课程。其他系的工科学生每周只做半天的实验，物理系却和化学系一样要做两个下午的实验。陈芳允刚到物理系，因为功课忙，不想花这么多时间做实验，吴有训就单独给他做工作，并亲自询问实验进展情况。

在上物理实验课时，吴有训教授身穿粗布工作服，手拿各种用具，给同学们认真做示范，他十分重视用实验演示来帮助学生理解书本上的内容。

吴有训认为“实验物理的学习，要从使用螺丝刀开始”，他要求学生通过自己动手实验去体会实验的技巧与精确性，从而加深对物理基础理论的理解。直到晚年，陈芳允都还记得吴有训给学生们演示吹玻璃技巧的情景。

2 第二章 是金子总会发光

01

科研工作遇伯乐

1938年，陈芳允大学毕业，在恩师叶企孙的帮助下，进入清华大学无线电研究所工作。

清华大学无线电研究所设在距离昆明城约7公里的大普吉，陈芳允在无线电研究所任助教，从事有关无线电通信方面的研究工作。他终于有机会把课堂上所学的理论与工作实践相结合，就抓紧一切机会参与各项工作。很快，他加入了任之恭先生的“军用秘密无线电话机”研究组。经过三年的研发，1941年，军用秘密无线电话机终于研制成功。这是陈芳允参加工作后获得的第一个重大成果，让他对自己的科研工作有了充足的信心。

然而，当时正值抗日战争时期，研究与生产还处于脱节状态，因种种原因，电话机一直不能投入生产。这种不能投入生产的研究，使陈芳允觉得自己的才智没能用在抗日救国上，他非常失望。于是，他不想在风平浪静的大普吉研究所里干下去了，他要为抗日做一些直接的工作。

他把自己的想法告诉了老师任之恭教授。任之恭当时是清华大学无线电研究所的所长，他已经看到了陈芳允身上蕴藏着的巨大科研潜力，但他非常理解陈芳允的心情，同时也赞同他的学生到最能发挥作用的地方去。任之恭了解到航空委员会下属的成都无线电修造厂缺少技术人才，便推荐了陈芳允。于是，陈芳允满怀希望和自信去了成都，他要为抗战做工作。

成都无线电修造厂负责制造飞机上的无线电设备，用于抗日战争的正面战场。陈芳允被分配到研究室工作。踏上新的工作岗位，陈芳允便马上忘我地投入工作之中，埋头苦干，不久又研制成功我国第一台无线电导航仪。

成功使陈芳允在众人的眼中变得不同凡响，但他一门儿心思只想为抗日出点儿力，什么名啊，利啊，他完全不在意。可惜国民党只想用空军对付共产党，这使他再次失望。

1944年初，世界反法西斯战争的形势发生了根本的变化，美国和英国都认为大战即将结束，各自提出要资助中国学生去美英留学。它们为什么要培养中国的技术人才?当然是为了培养洋买办——当中国开展建设时，能帮助美英，促使中国购买它们的物资。

陈芳允一心想报效祖国，却有劲儿使不上。他终于明白，如果不愿为国民党做事，只有出国留学，才能避开他们的纠缠。无奈中，陈芳允决定到美英招考留学生的考场上去试试。

美国招考留学生在前。陈芳允没和单位打招呼，自己就跑去考了，考得非常顺利。后来，单位又介绍他去考英国的无线电工程专业，他又一次走上考场。对他的老本行，他轻车熟路，答卷顺利。考完试他也没当回事，回去继续工作，等待命运的选择。后来美英两国同时录取了这个有实力的中国考生。

那年夏天，陈芳允首先接到美国发来的录取通知书。

清华大学无线电研究所（昆明）同人合影，
后排右三为陈芳允

他想去美国留学，开启新的人生，所以满心欢喜地拿上通知书，到位于重庆的教育部报到。

可他万万没料到，他顶着酷暑到了重庆，汗流浃背地跑到教育部报到，教育部的人却打着官腔告诉他：成都无线电厂已经来函，明确表示不同意陈芳允去美国留学，因为厂里的工作离不开他。这句冷冰冰的话就像给他当头泼了一瓢凉水，使他从头到脚透心凉。

第二天上午，陈芳允独自在重庆街头彷徨。他转了一圈儿又一圈儿，不知自己下一步该走向何方，战乱期间该何去何从。

去解放区！他想找陶行知的儿子陶晓光同去，或者通过陶行知，和中国共产党解放区的组织先联系上，于是，陈芳允直奔陶晓光家。但非常不巧，那天陶晓光外出办事，不在家，陈芳允耐着性子在陶家一直等到午夜，还是等不到陶晓光回家，陈芳允不得不失望地离开陶家。

他在街头漫无目的地转悠着，夜太深了，他只好走进沿江的一个小旅馆先住下。

第三天，正当陈芳允依然在人生的十字路口不知该往哪儿走时，在重庆街头，他迎面碰上了航空委员会的王大全先生。陈芳允跟他并不熟，可那天王先生笑着主动跟他打招呼："你怎么还在重庆大街上乱溜达？你到英国留学的申请已经通过了，还不快去办手续！"

陈芳允听到这个消息激动起来，他想，不让去美国就不去，去英国也行，反正这次是走定了。

陈芳允当天就在教育部办好了去英国留学的手续。他返回成都无线电修造厂后，厂长什么也没说，算是默认了。

而家人也给了陈芳允最大的支持。陈芳允的妻子沈淑敏是一个聪慧的知识女性，她对陈芳允说：“每个人的一生都有许多梦想，你想实现这个留学的梦想，就行动吧。家里有我呢，你放心去吧。”

得到妻子的支持，陈芳允亲了亲刚出生几个月的儿子，告别了家人，登上了飞往英国的飞机。

02

敢批评英国首相的留学生

1945年春天，陈芳允来到了英国的伦敦。伦敦号称“雾都”，到处都是雾蒙蒙的，自有一番风景。无论是风光绮丽的泰晤士河，还是人潮涌动的牛津街，都是英国人引以为傲的地方。那时，高傲的英国人根本瞧不起经济落后的中国，这使得陈芳允在难过的同时更坚定了信心：要在这个工业发达的国家发奋学习，绝不能让骄傲的英国人看不起。

陈芳允来到伦敦的考瑟（COSSOR）无线电厂研究室，从事彩色电视接收机和滤波器等元器件的研究工作。陈芳允在这里工作，工厂给他发工资，保证他的学习和生活花费。

陈芳允是个凡事都认真的人，为了抓紧时间多学点儿东西，他利用业余时间到伦敦大学旁听电子学的课程，每天都脚步匆匆，过着工厂、大学、住地“三点一线”的日子。陈芳允常常告诫自己，唯有加倍读书学习，才能对得

陈芳允年轻时在英国留学的地方

起挑起全家重担的妻子，才能在将来为祖国的强大出一份力。他像一台不知疲倦的机器，超负荷运转着。

1945年9月2日，日本投降，第二次世界大战结束。这是人类历史上规模最大的战争，战争持续了6年之久，先后有60多个国家和地区卷入，毁坏了无数的工厂、住宅、铁路、桥梁……造成了人类历史上最大的一次浩劫。

英国也深受其害。英国首相丘吉尔在第二次世界大战期间，统率英国陆海空三军同德国法西斯英勇作战，并取得了胜利。这对于英国人民来说，是欢喜的事。他们期盼着丘吉尔能继续带领他们过上美好的新生活。可事与愿违，没过多久，英国的报纸上就开始披露丘吉尔的奢华生活，比如，他到全国各地竞选时总是乘着豪华的敞篷汽车，吃得也非常好，甚至营养过剩……

有一天，陈芳允在一份报纸上看到一篇文章，说丘吉尔在一个大酒店里吃饭，点菜无度，花了不少钱……

陈芳允看到这篇报道后，就提笔给英国的报纸写了一封信，信上说，战争结束后，英国老百姓的生活非常艰苦，购买食物都要凭票，而且吃的大多是土豆，作为英国人民的领袖，丘吉尔应该和人民同甘共苦，共渡难关……

几天后，报纸全文登载了陈芳允批评丘吉尔的文章，并特意配了一幅漫画——肥胖的丘吉尔坐在车上，前面一位瘦弱的车夫怎么也拉不动。

一个中国留学生，敢在报纸上发表文章批评英国首相，这可把整个英国搅得沸沸扬扬，引起了各方面的关注。正巧，李约瑟[①]博士也看到了。

李约瑟博士当时是剑桥大学出类拔萃的生物化学家，很偶然的机会，他惊讶地发现：西方人如果没有从古老的中国引进船尾舵、罗盘、多重桅杆等发明创造，改进航海和导航技术，他们就不可能绕地球远航，获得地理上的大发现，哥伦布更不可能踏上美洲的土地；而欧洲如果没有从中国引进造纸术和印刷术，他们很可能要更长久地停留在手抄本的状态。

因此，李约瑟迷上了中国科学技术史，为了研究这个课题，他开始寻求中国的合作伙伴。

李约瑟觉得这个写文章的中国留学生敢于发表不同意见，有点儿意思，也许可以帮自己做点儿事，于是通过报社打听到陈芳允的住址，先是写信约见，后来又趁到伦敦

① 李约瑟（Joseph Needham，1900—1995），是鸿篇巨制《中国科学技术史》的作者，中国科学院为数不多的外籍院士之一。

办事的时机，登门拜访了陈芳允。

陈芳允记得，一见面，李约瑟便就他是怎样萌发探索中国古代科学与文明的想法侃侃而谈。他告诉陈芳允，他正在收集这方面的资料，他越来越相信世界文明的一个源头在东方的中国，并热情地邀请陈芳允和他一起来搞中国科学技术史的研究。

面对这样一位勇于放弃自己功成名就的专业，转而研究中国科学技术史的英国科学家，年轻的陈芳允感动之余，当即表示："我愿意。"

李约瑟后来又来找陈芳允长谈了一次，他们成了很好的朋友。李约瑟提出的"为什么近代科学没有在中国迅速发展"的问题深深印在了陈芳允的脑海中。

后来李约瑟跟中华民国驻英使馆联系，商谈陈芳允改换工作的事情。由于陈芳允是国民政府的公派留学生，学习结束后必须返回，所以使馆没有同意李约瑟的请求。

不久，陈芳允收到了李约瑟的来信，信上说使馆不同意陈芳允到他那里工作，他对此事感到很遗憾。

陈芳允也很遗憾，但并没气馁。在他看来，一个外国人都能为研究中国科技史而奔波，作为一个中国人，他更有责任身体力行科技救国。

03

参与英国第一套海用雷达研制

1946年，陈芳允转到了曼彻斯特的工厂，和工人一起在生产线上干了几个星期的活儿。由于工作出色，机遇又降临到他身上——他得到了去研究室参与研制英国第一套海用雷达的机会。

雷达是20世纪的重大发明之一。1935年英国科学家罗伯特·沃特森·瓦特发明了世界上第一台实用雷达，从此，人类利用无线电波在测定远距离目标的方位、距离、高度等空间信息上取得了巨大成功，雷达成为航海、航空的关键设备。当时在电子雷达技术领域居领先地位的英国，有世界第一流的技术、丰富的资料和齐全的试验设备，对于到英国学习新技术的陈芳允来说，能参与研制英国第一套海用雷达是一个非常难得的机遇。

当时英国工商业竞争很激烈，至少有三家公司同时在研制海用雷达，谁先研制成功，谁先占领市场。考瑟便是其中之一。

陈芳允致力于雷达显示器的改进，埋头苦干了一年多，到1948年的春天，海用雷达样机终于研制成功。那天，陈芳允和研究室的其他人员一起将第一套海用雷达样机装到了“玛丽皇后号”船上，然后随船进行海上试验。经过一个多月的测试和试用，海用雷达被证实研制成功。

陈芳允在英国考察

之后，陈芳允回到伦敦的无线电研究室。这时，他周围的英国人都对这个中国人刮目相看。

一转眼就到了陈芳允学习期满即将回国的日子，无线电研究室主任贝尔非常希望陈芳允能留下来再工作一段时间。他发现这个中国留学生与其说是来这里学习的，不如说是来帮助他们取得成功的。如果他能继续留在研究室工作，将会帮他们攻克许多技术难关。

可是，贝尔未能如愿，因为国民政府明确表示不同意陈芳允留在英国。

1948年5月，陈芳允学习期满，乘客轮返回祖国。归心似箭的陈芳允，常常在夜晚一人独自走上甲板。“举头望明月，低头思故乡”，他的脑海里像海浪一样不断涌现出他的祖国、他的家乡、他亲爱的妻子沈淑敏和他四年未见的儿子的影像。当在海面上隐隐约约看到祖国的大陆时，陈芳允的眼睛潮湿了，他的心在呼喊：祖国母亲，我回来啦！

3 第三章 壮志报效新中国

01

自残不去国民党机构

陈芳允带着从英国学习到的先进技术，满怀报效祖国的热情和憧憬，重新踏上了祖国的土地。

陈芳允坐轮船先到上海，他到航空委员会报到后，被派往上海空军机场工作。当时中国正处于解放战争时期，陈芳允发现当时的飞机场主要是为打内战服务的，不愿为国民党出力，便和妻子沈淑敏带着孩子回到了黄岩老家。

黄岩山清水秀，但陈芳允可不想把自己关在世外桃源里，而是计划在这里认真地思考。陈芳允是一个理性的工程专家，又是一个忧国忧民、有社会责任感的知识分子，他鄙视那些以人格换取金钱、发国难财的人。他有自己做人的准则：严肃正直地走自己的路，穷要穷得有志气。他运用科学分析的方法观察社会政治形势，经过一段时间的思考后，明确了自己的人生方向。

然而，他知道国民政府是不会放过他的。果然，一个月后他回到上海，航空委员会对他不去空军机场工作而擅自回老家的行为很恼火，给了他记大过处分，以示警告。但他不在乎，依然借故不去空军机场。

他的工作一时没了着落，吃饭也成了问题。后来还是上海通信器材修造厂厂长李敬永出手帮忙，把他调到了位于上海的无线电研究所工作，他的生活才算安定下来。

然而，航空委员会仍然没有放过陈芳允。1948年深秋的一个下午，陈芳允在所里上班，忽然接到航空委员会打来的电话，电话中说："上面命令你，赶快来南京做空军无线电指挥联络的技术工作。现在战事紧张，必须立即动身。"

放下电话，"去"还是"不去"的问题摆在了陈芳允的面前，他必须立刻做出抉择。

当时，南京是国民政府的大本营，到南京就意味着为国民党卖命。陈芳允不想去南京，但调令却威胁着他和家人的生命安全。陈芳允左思右想，想起了在英国时，他曾因脚指甲长入肉内而割去了半个脚指甲，这次是否可以连根拔掉一个趾甲，制造一个伤病呢？在接到调令的当天下午，趁领导不在，他悄悄搭上长途汽车去湖州老岳父家求援。当时妻子沈淑敏正好在湖州中学教书。

陈芳允的岳父在当地是一个有名望的医生，按说此次女婿上门求助，他理应帮女婿渡过难关，可真要在女婿身上动刀子，他也下不去手。

最终，老岳父还是狠了狠心，给陈芳允的脚打上麻药，颤抖着手拔去了他左脚大脚趾的整个趾甲。陈芳允额头上布满了冷汗，强忍着疼痛一声不吭。他宁愿忍受这种皮肉之苦，也不愿去南京为国民党做事。

第二天，陈芳允一瘸一拐地回到上海，先住进一家私人小医院，然后打电话给李敬永，说："李厂长，我脚伤很严重，不能去南京工作了。"

李敬永曾留学苏联，是中国共产党地下工作者。他到医院来，一看陈芳允的脚上包了厚厚的白纱布，还渗出很多血迹，就含而不露地说：“既然你脚受伤了，干脆就在医院静养吧。”他知道陈芳允是个极有主见的人，这事就顺从其意。

陈芳允敏感地察觉到，李敬永已经发现了他的“小秘密”，只是不愿意揭穿而已。

后来，李敬永亲自把陈芳允送进了大医院，嘱咐陈芳允安心养伤，时局动荡，小心为是。而他也马上回复航空委员会，称陈芳允脚伤严重，不能如期到任。

陈芳允终于躲过了去南京的调令，在医院里小病大养，每天浏览各种报纸，观察时局的发展。

1948年下半年，中国人民解放军陆续解放了济南、长春、沈阳等大城市。

陈芳允越来越不能在医院里安心养伤了，他觉得自己像一只被关在笼子里的老虎，有劲儿使不出来。他每天掰着手指头数日子，总算数到了这一年的最后几天。

李敬永来医院看他，对他说：“现在国民政府已经濒临崩溃，马上要迁到广州去了，顾不上你的事，你可以出院另找工作了。”喜从天降，陈芳允马上离开了医院。

出院以后，陈芳允决定去找中央研究院医学研究所的冯德培院士。

冯德培是研究神经生物学的科学家，是中央研究院第一届院士。陈芳允当年在英国留学时曾和他有过一面之交，再加上两人是同乡，陈芳允就找上门去了。

冯德培研究神经生物学正好需要一个电子学方面的帮手，他了解陈芳允的情况，早在英国时就曾试过陈芳允——当场出了一道题，对陈芳允进行电子仪器方面的考试，陈芳允的回答令他非常满意。这时陈芳允来找他，冯德培求之不得，当场拍板让陈芳允到所里工作，专门研制生物学用的电子仪器。

这时的上海已经被解放军围得像铁桶一般，革命形势发展迅速，已经到了关键时刻。

陈芳允和中央研究院里的同事们已经敏锐地感到一个新的时代即将来临。他们在中共地下组织的领导下，积极参加了维持秩序的革命委员会，夜里站岗巡逻，不让破坏分子毁坏仪器设备。

这时国民党专程派人从南京到上海来，动员他们这些科技专家到台湾去发展事业。

陈芳允对同事们说：“科学是属于全人类的，但科学家有自己的根，大陆才是我们的根。我们要留下来！”他积极配合中共地下组织做身边知识分子的工作，劝中央研究院的科技人员不要去台湾，留在大陆，为新中国的科技事业做贡献。

最终，大多数科学家留了下来，科研机构也保留了下来。

02

科学“三巨头”的协议

1949年10月1日，中华人民共和国成立了。为了摆脱贫穷落后，发展科学技术成为当务之急。很快，国家成立了中国科学院，接收众多研究机构。

1950年，中国科学院华东办事处成立（1958年更名为中国科学院上海分院），接管原中央研究院在上海、南京的机构，陈芳允光荣地当选为工会主席。

历史告诉每一个中国人，尊严来自实力，只有中国强盛了，才会有国人的尊严和民族的尊严。

陈芳允看到自己的祖国目前还处于落后状态，作为一个科学家，他下决心要在自己的研究领域有所建树，用科技来强国。他很快就打造出了中国神经生物学领域的第一套电子仪器（包括电刺激器、直流放大器及显示设备等）。后来这些设备投入使用，在上海、北京等地的医院、研究

陈芳允与沈淑敏夫妇50年金婚留影

所等机构的科研工作中起到了重要作用。

当时，陈芳允的妻子沈淑敏在中国科学院生物物理研究所工作，主要从事细胞生物学的研究。这对科学家夫妇满腔热情地在各自的科研领域里拼搏，一起为祖国做贡献。

陈芳允与恩师吴有训一直保持着联系。1952年夏天，时任中国科学院副院长的吴有训在考察了国际上先进国家的科学技术发展状况之后，看到了电子学技术在现代科技中的重要地位，开始考虑筹备电子学研究所。这时，他自然就想到了陈芳允。

于是，吴有训找到陈芳允。他们相对而坐，吴有训打量着陈芳允——当年那个痴迷物理学的学生，如今已是一个名震华夏的科学家了，他不断有科研成果问世，却还是那样少言寡语。

吴有训试探地问："芳允，我有一个想法：国际上电子学发展这么快，而中国的电子学基础薄弱，所以中国科学院应该筹建一个电子学研究所，你看谁来负责筹建比较合适？"

陈芳允知道这是新中国的第一个电子学研究所，筹建任务很艰巨。面对这位昔日的老师、现在的领导，看到他信任的目光，陈芳允脱口而出："吴院长，你了解我，你看我来做筹备工作行吗？"

"当然可以。"吴有训高兴地站起来说，"我看你能胜任，你会有一个更好的施展才华的平台。"

吴有训知道陈芳允是一个说得少、干得多的人，他没有什么豪言壮语，可他爱动脑子，富有创新精神，又能脚踏实地，是一个信得过的人。

吴有训决心已定，说干就干：他提出了在中国科学院建立电子学研究所的决策性意见，并推荐陈芳允担任电子学研究所筹备处主任。经讨论通过后，中国科学院就把陈芳允从上海调到北京，负责电子学研究所的筹建工作。从此，陈芳允开始专门研究电子学技术。

当时，电子学研究在新中国几乎是一片空白，一切都要从零开始。但在陈芳允眼里，电子学研究大有可为。本着这样的信念，他带领筹备处的同志一步步做起，苦干一年后，电子学研究所初具规模，已有了一定的人员和仪器，能正常开展工作了。

根据国家战略需求，中国科学院将发展原子能技术放到了首要地位，学科负责人钱三强一再强调电子学对于原子能研究的重要性，为此，中国科学院决定，将电子学研究所筹备处并入钱三强领导的中国科学院近代物理研究所

（经多次机构调整后，形成中国科学院物理研究所、中国科学院原子能研究所等机构），为研究原子能服务。

吴有训副院长又在想一个问题：中国发展原子能科学非常重要，但电子学技术的发展也非常重要，不能顾此失彼。于是，1953年秋天的一个晚上，吴有训把钱三强和陈芳允

1998年1月，三位“两弹一星”功勋科学家合影，
从左至右依次为：陈芳允、王淦昌、程开甲

都约到自己的家里，三人郑重地讨论起原子能科学和电子学同步发展的问题。

吴有训、钱三强和陈芳允都出自清华大学，彼此知根知底。吴有训看看钱三强。钱三强在清华读书时，就有灵活的学习方法和活跃的思维，善于整合资源，解决问题。现在他从苏联考察回来，准备搞原子能研究，他一定会利用跨学科的优势。

果然，钱三强先说话了："中国要搞原子能研究，离不开电子学。以后还要搞原子弹——有了核盾牌，谁还敢欺负我们！我们应该跨学科联合，进攻主要目标。"钱三强边说边用眼睛"扫描"陈芳允，他非常希望陈芳允有个明朗的态度支持他，他就差喊出来："芳允，我实在需要你的帮助！"

陈芳允感叹道："电子学研究所停止筹备实在可惜！从国防需要讲，雷达的研制需要电子技术，通信的发展也需要电子技术，就连原子弹的防辐射仪器也需要电子技术，还有，现在全世界都在关注人类大脑的延伸——计算机，它的研制也离不开电子技术。美国已在1946年研制成功了世界上第一台通用计算机‘ENIAC’，尽管它功能有限，但是它的计算能力确实远远高于人类的大脑。这说明在各项科学技术的发展中，电子技术已成为一种新的支柱技术。我国的电子工业应该迅速起步，以促进其他各项科学技术的发展。不过，我们电子学研究所可以根据国家的需要，服从大局。”陈芳允的最后一句话总算表了一个态。

钱三强坚持原子能科学更重要，但也认准陈芳允的电子技术会对他的原子能研究起至关重要的作用。

可是要陈芳允把费尽九牛二虎之力，好不容易刚建立起来的电子学研究所拱手“让”给近代物理所，陈芳允也难免不舍。

最后，钱三强说：“芳允，你的电子学研究所先到我这儿来，中国需要原子弹，我需要你的帮助。以后你的电子学研究所独立了，你的原班人马和设备我都还给你。现在咱们先合作一把怎样？”

“好！君子一言，驷马难追！”陈芳允爽快地答应了。

夜深人静，科学“三巨头”的讨论终于有了结果。大致意思是：电子学研究所暂时合并到物理研究所作为其一个研究室；由陈芳允带着一部分人配合近代物理所工作，其他人仍继续做电子学方面的研究；将来根据科研需要，电子学研究所独立时，再将原来的科技人员和仪器设备都如数奉还……

钱三强和陈芳允认真阅读了这份协议。最后，吴有训、钱三强、陈芳允三位科学家都郑重地签上了自己的名字。

经过一番准备，1954年春天，陈芳允开始进行原子能科研中所必需的电子仪器设备的研究。当然，在有限的业余时间里，他仍旧从事电子学方面的其他研究，因为他知道，电子学将来会对各门学科的发展起到重要作用，未来的科学必将会跨学科创新发展。

1956年，国家出台《1956—1967年科学技术发展远景规划纲要（修正草案）》，确立了包含无线电电子学等新技术在内的57项国家建设所需要的“重要的科学技术任务”。陈芳允高兴得睡不着觉，他的“电子梦”有了扬帆的机会，他自然要全力以赴。正当陈芳允日思夜想怎么做钱三强的工作，让电子学研究所独立门户时，钱三强却主动向吴有训表明态度：遵守“君子协议”，兑现诺言。

中国科学院根据国家规划，决定重新调整、建设科学研究机构，重新组织筹建电子学研究所。

钱三强和陈芳允商量，物理研究所只留下两位电子学技术人员继续从事原子能研究所需要的电子仪器设备的研制工作，其余人员和设备统统划归回重新组建的电子学研究所。

陈芳允又参加了新电子学研究所的筹备工作，担任第四研究室主任，主要从事电子线路的研究和原子能科学试验所需的电子仪器设备的研制工作，同时也进行脉冲技术的应用研究。

第四章

仰望星空飞天梦

01

测量世界首颗“星”

1957年10月4日，苏联在拜科努尔航天发射场成功发射了世界上第一颗人造地球卫星，这标志着人类真正进入了航天时代。

善于把握时机是一种难得的智慧。作为一名科学家，要有科技发展的战略眼光。当时陈芳允在中国科学院的电子学研究所里做着相关的工作，但他敏锐地察觉到了航天发展锐不可当的趋势，郑重地确定了自己的下一个研究目标——运筹卫星飞天。

没有谁去督促陈芳允关注这颗卫星，但他已经瞄准了目标。当人造卫星绕地球飞行时，人们可以凭借短波收音机听到它发出的蜂鸣声。陈芳允和几个同事一起做了一台接收无线电信号的装置，对这颗卫星进行了无线电多普勒频率的测量。他计划根据接收的遥测信号，测出卫星的多普勒频率变化，这样就能算出卫星运行的速度，从而算出卫星的运行轨道。他和同事张志诚以及天文台的同志一起记录分析，计算出了卫星的轨道参数。这些宝贵资料，成为天文台观测站对人造卫星进行无线电观测的基础，并成为以后我国发射人造卫星时跟踪测轨的主要技术参数。

然而，当时中国的航天技术还是空白，甚至对大多数中国老百姓来说，“航天技术”这个名词都很陌生。而此时陈芳允已经清醒地意识到：利用卫星在地球大气层以外的航天活动，可以开发太空，而且通信、气象等造福人类的科学技术都可以随着航天技术的发展而上一个大台阶。然而，现代航天技术是高度综合的尖端科学技术，集中了20世纪许多新的工程技术成就，凭我国当时的综合国力，要搞人造卫星困难重重。

人造卫星到底长啥样？当时中国人谁也没见过，陈芳允也只是遥远地瞭望了一下。

但机遇只偏爱那些有准备的人，陈芳允这个有心人，已经在为中国航天做准备了，并成为中国最早参与飞天计划的人。

恰逢1957—1958年国际地球物理年（International Geophysical Year），我国著名科学家钱学森、赵九章向党中央书面提出了发射人造卫星的建议。

1958年5月17日，毛泽东主席向全党、全国发出号召，

陈芳允在第二届亚太空间技术应用研讨会上发言

将发射人造地球卫星列入国家科学规划。中国科学院马上根据党中央要求，成立了以钱学森为组长，赵九章、卫一清为副组长的领导小组，负责筹建人造卫星、运载火箭以及卫星探测仪器的设计研究机构，并组织有关专家拟订人造卫星的发展规划，把研制人造卫星列为1958年的头等重要任务。大西北的戈壁滩上也开始建设综合导弹火箭试验基地。

当中国人奔着这个目标在大漠奋战时，1961年，苏联航天员加加林已经驾驶着“东方一号”宇宙飞船绕地球飞行一圈儿后返回地面，第一次把人类遨游太空的理想变成了现实。

02

研制核爆测量仪

正当西北试验基地进入全面建设时期，1959年6月20日，苏联政府单方面撕毁了中苏国防新技术协定，拒绝向中国提供核武器的技术援助。中国人必须面对现实，没有核武器就没有核盾牌，强大的国防也就无从谈起。代号为"596"的原子弹研制工程，从理论设计到生产试验开始走上独立自主、自力更生的道路。

1960年8月，苏联从我国撤走了在国防科技部门工作的全部专家，包括在发射试验基地帮助建设的专家。当时，在祖国大西北的导弹试验基地和核武器试验基地，我军数万将士忍饥挨饿，苦战荒漠；而那些苏联专家却在基地享受着最优厚的待遇，住在专家楼里，吃着比中国科学家好得多的饭菜，可最终他们却带走了他们能拿到手的全部图纸和资料，给中国人留下了无尽的愤怒和失望。

1961年7月，中共中央发出《关于加强原子能工业建设若干问题的决定》，指出：为了自力更生，突破原子能技术，加速我国原子能工业的建设，中央认为有必要进一步缩短战线，集中力量，加强各有关方面对原子能工业建设的支援。

然而在北戴河召开的国防工业委员会工作会议上，对于导弹和原子弹“两弹”在国民经济严重困难的情况下是继续“上”还是“下”产生了两种不同意见。陈毅元帅态度十分坚决：“一天都不能等，一天都不能停，中国人即使当了裤子也要把原子弹搞出来！”经过多方论证，党中央最终认为中国可以力争1964年爆炸原子弹，并以此为目标加快了科研步伐。

根据大力协同的原则，中国科学院主动承担了原子弹爆炸测试用的多道脉冲分析器的研制任务，并将此项任务交到了电子学研究所脉冲技术研究室（四室），陈芳允带领全室的科研人员一起制订了研制方案。很快，陈芳允和徐建平等同志就成功研制出了核爆测试用的多道脉冲分析器，解决了我国核弹试验中射线测量的问题。

1964年10月16日，罗布泊那座102米高的铁塔上稳坐着中国的第一颗原子弹，我国首颗原子弹即将引爆。

下午3时，距核装置23公里的主控站发出了核爆命令。伴随着一声惊天动地的巨响，大地骤然剧烈地震颤起来，一颗硕大的火球轰鸣着，以排山倒海之势，雷霆万钧之力，扬起百米多高的沙尘，腾起滚滚翻腾的蘑菇云，直指蓝天！

成功了！

原子弹试爆成功了！

陈芳允为原子弹试验研制的测量仪器也被证明是成功的，但别人祝贺他时，陈芳允只是淡淡地说："这只是我为中国原子弹做的一件小小的工作。"

陈芳允的妻子沈淑敏也为我国核试验积极贡献力量。她带领年轻的科技人员展开放射生物学的研究——这在当时的中国也是全新的研究——积极参与和组织了关于核辐射对动物的急性和慢性损伤的试验研究，为我国早期的放射生物学和防核医学积累了宝贵的经验和资料。

当然，对他们来说，每一次成功都不是科研任务的结束，而是新的科研项目的开始。

03

雷达瞄准无人机

陈芳允似乎就是为了发明创造而生的，他的脑子里总是有各种新奇又大胆的想法。

从1956年起，美国的侦察机就开始对苏联进行侦察飞行，继而又多次飞入我国领空。为了更加安全精准地侦察，美国的侦察机不断改进，从有人驾驶发展到无人驾驶，同时这种高空侦察机释放的干扰波也常使我国的雷达失灵，使我军无法打击来犯者。

1964年的一天，陈芳允在电子学研究所正忙着他的一个新科研课题，中国人民解放军国防科学技术委员会的一位局长找上门来，开门见山地说："陈先生，我们现在急需一种抗干扰雷达，保卫我国领空不受侵犯。因为入侵的间谍飞机都采用了先进技术，我军的雷达有时难以发现目标。"

陈芳允直截了当地问:“你给我的任务是改进我国机载雷达吗?”

局长说:“是的，这是一项很艰巨的任务。”

陈芳允说:“如果把圆锥扫描型改成单脉冲型，也许就可以使雷达不受干扰。我试试吧。”陈芳允什么条件都没提就答应了。

局长原以为中国没有这种机载雷达，制造的困难一定不少，这位著名科学家也许会提出什么问题来，结果自己轻而易举就把任务交了出去，简直喜出望外。

而陈芳允说干就干，带领研究室的几个技术人员到空军有关部门调研，然后根据空军实战的需要，提出了技术方案。得到上级批准后，他们很快就设计出了样机。在这次设计中，陈芳允尝试了单脉冲型雷达，并由曾宪泽设计了天线。在空军和第七机械工业部的通力合作下，机载抗干扰雷达终于试验成功。这是我国第一台高性能抗干扰雷达，也是我国第一次在飞机上使用单脉冲型雷达。

有了这种雷达，美国的高空侦察机就能被我空军牢牢盯住，准确击落，从此再也不敢轻举妄动了。

当空军领导将这一喜讯报告给毛泽东后，他非常高兴，专门做了批示。此后，陈芳允研制的空军机载抗干扰雷达开始投入批量生产，装备了空军部队大量的歼击机，有力捍卫了祖国领空主权。

5

第五章 『东方红』进军太空

01

中国卫星要上天

自1957年陈芳允接收到世界上第一颗人造卫星的无线电信号后，他的脑海里就一直盘旋着一个想法——如何把中国的人造卫星送上天。经过整整7年曲折而艰难的钻研，终于等来了机会。

1964年，中国的国防科技界迎来一个丰收年。

6月29日，我国自行研制的第一枚弹道导弹“东风二号”发射成功。紧接着，7月9日和11日，连续发射的两枚导弹均获得圆满成功。这表明，中国的导弹和运载火箭技术实现了从无到有，从仿制到自行设计的目标，将由研究试验转入定型试验。而运载火箭技术经过多次导弹发射试验的考验，也被证实已达到发展航天科技的水平。

更加振奋人心的是，这一年的10月16日，中国第一颗原子弹爆炸成功。这表明我国的新型材料、电子元器件、精密机械、仪器仪表和计量技术达到了一个新的水平，中国的国防工业已经初具规模。

于是，发射人造卫星也提上日程。1965年3月16日，中国科学院召集各研究所领导开会，传达周恩来总理关于中国科学院参加研制人造卫星的几点批示。传达结束后，关于卫星的地面跟踪测量问题被正式提出来，院领导决定让陈芳允担任技术负责人尽快拿出方案来，并派光学专家王大珩做他的副手。

这是陈芳允和王大珩的第一次合作。他们先召集自动化研究所、地质与地球物理研究所以及紫金山天文台等单位的负责人对卫星地面跟踪测量系统进行研究，然后成立了卫星地面测量组。

陈芳允和王大珩带领地面组做了大量的调查研究工作。他们认为，卫星地面观测系统应该是一个包括光学跟踪系统、无线电跟踪系统、遥测系统、时间统一勤务系统、通信系统、控制计算系统和发射安全系统等诸多系统的大工程。而从1958年起，中国就逐渐形成了以紫金山天文台为首的、由13个人造卫星光学观测地面台站组成的观测网，已具有较丰富的光学观测经验。可当时国内还没有无线电观测站，于是，卫星的跟踪观测到底是“以光学为主”还是“以无线电为主”，引发了争论。

陈芳允和王大珩这两位专家经过反复论证后，达成共识：无线电观测具有全天候观测等特点，其优点和发展前途远胜于光学观测。因此，最后确定采用陈芳允的卫星测控方案——以无线电观测为主，光学观测为辅，并正式将此方案上报中国科学院。

与此同时，国防科委再次开会讨论了卫星工程的规划方案，提出1970—1971年发射我国第一颗人造卫星的计划，并对研制分工提出了具体的建议。

1965年，中央专门委员会会议原则批准《关于发展我国人造卫星工作规划方案建议》，决定将人造卫星研制列入国家计划，由中国科学院负责卫星的总体设计和技术工作，国防科委负责具体组织协调。中国的人造卫星工程定名为“651”工程。

同年，中国科学院在成都成立了西南电子学所，陈芳允调任该所副所长。由于卫星工程上马，陈芳允去成都的时间很少，主要精力都用在空间技术的研究上。

怎样测控入轨卫星？这对陈芳允来说是一个全新的课题。试想一下，运载火箭把卫星送入预定轨道后，如果地面不能紧紧抓住卫星，控制卫星，获得所需要的数据，而让它随意飘在太空，那这种上天的卫星就是毫无用处的。所以，陈芳允的心头压着一个重担，每天都想着怎样才能把卫星运行轨道的计算测量和控制跟踪搞清楚。

1965年深秋，北京友谊宾馆，中国第一颗人造卫星方案论证会召开了。与会的专家一致认为，中国的第一颗人造卫星应该达到两个基本目标：成功进入卫星运行轨道；地面跟踪测量系统能“抓得住、测得准、报得及时”，让全球人民都“看得见、听得到”。总之，要比苏联的第一颗人造卫星先进。

会议初步确定了第一颗人造卫星的总体方案，将第一颗卫星定为科学探测性质的试验卫星，其任务是为发展我国的对地观测卫星、通信广播卫星、气象观测卫星等各种应用卫星取得必要的设计数据。这颗卫星被命名为“东方红一号”。

会上，科学家们对以无线电观测为主的方案进行了几番激烈的讨论，大家对“无线电用什么设备”“是以多普勒测量仪为基础，还是以干涉仪为基础”“雷达要多少台”等问题，各抒己见。

陈芳允是个轻易不着急、不激动的人，但此时他再也坐不住了，站起来做了重点发言。他根据中国的技术状况和国际卫星跟踪测量技术的发展情况，明确提出中国第一颗卫星的无线电跟踪系统应以多普勒测量仪为基础，卫星入轨点以154雷达测量为主，而干涉仪只做辅助试验。

陈芳允的方案抛出后，可谓一石激起千层浪，引起了大家更深层的讨论。

当时有一位专家在会上明确表示反对陈芳允的技术方案，而陈芳允据理力争。这位专家回去后，连夜查资料，分析论证了一个通宵。天刚亮，他顾不上洗脸，就来敲陈芳允的房门，真诚地对陈芳允说：“还是你的意见对，上多普勒，我坚决支持！”

会后，陈芳允马上行动起来，开始在有关研究所和天文台进行调研，做各项准备工作。陈芳允很快组织了以紫金山天文台、中国科学院数学所和计算机所为核心的一批专家，对多普勒测量仪跟踪定轨进行模拟计算。在此基础上，他们于1966年2月起草了关于《卫星地面观测系统方案及分工建议》的报告。

一个月后，中国科学院副院长裴丽生专门主持召开了“东方红一号”卫星地面观测系统方案的论证会。由于中国的卫星跟踪站不像某些大国可以全球布站，而只能在本国的国土上布站，所以在方案的设计上难度就要大得多。因

中国第一颗人造卫星“东方红一号”

此，会议对各系统的方案和各观测台站的布局都做了认真审定，并明确了具体分工任务。

同年5月，中国科学院成立了人造卫星地面观测系统管理局，代号为中国科学院“701”工程处，“701”意指1970年发射中国的第一颗卫星。陈芳允担任“701”工程处的技术负责人，主管地面观测系统的设计、台站的选址和基本建设等工作。

02

布下卫星测控网

1966年12月，卫星测控地面台站的建设任务从中国科学院调整到国防科委试验基地，从那时起，陈芳允开始频繁往返于北京与西北的戈壁滩。

“戈壁”来源于蒙古语，意思是“难生草木的土地”。巴丹吉林沙漠和周围的戈壁滩无遮无拦，太阳烤着，到处是滚烫的黄沙和砾石，人们称这里是“天上无飞鸟，地上不长草，千里无人烟，风吹石头跑”。就是这片神秘的大漠，即将建起中国的航天第一港，发射中国的第一颗人造卫星。

浩瀚戈壁一眼望不到头，可是对陈芳允的卫星测控事业来说，这广袤的戈壁滩似乎还是小了。卫星发射上天仅仅是成功了一半，还要对卫星进行跟踪、指挥、控制，让它发挥作用，而这一切，仅靠在发射区建设一个测控站是远远不够的。

陈芳允面对的是一项崭新的事业——建设庞大的卫星地面观测系统，这不仅技术复杂，而且没有现成的经验可借鉴。陈芳允深知卫星跟踪观测的重要性，尤其是对第一颗卫星的跟踪观测，必须做到“抓得住、测得准、报得及时”，确保观测效果。

在这之前，国防科委的李庄局长曾征求陈芳允的意见：“陈先生，您是愿意搞卫星本体研制，还是愿意搞卫星测控系统的研究呢？”

陈芳允答：“如果搞卫星测控，我的电子学专业技术会用得更多一些。”

果然，沉甸甸的制订卫星测控总体技术方案的担子就落到了他的肩上。尽管1957年他曾根据无线电多普勒频率的变化计算出世界第一颗卫星的轨道参数，而且还相当准确，可后来他查阅资料得知，苏联和美国对于本国的第一颗人造卫星，均用无线电干涉仪测量。由于对卫星入轨后的倾角不好把握，美国从北美到南美建立了11个干涉仪站，以保证能跟踪飞行在轨道上的卫星。

陈芳允并没有因此胆怯，经过多方考察和充分论证后，他和助手魏钟铨一起设计编写了卫星跟踪测量的总体方案。不过，方案的真正实施遇到了极大困难——当时政治运动中，许多科学家受到批判，科研工作无法正常进行下去，陈芳允的处境也很困难。

周恩来总理得知这些情况后，为使中国的卫星工程进行下去，他果断要求中央军委过问此事，并请聂荣臻、叶剑英等几位老帅亲自出面，命令国防科委做好这项工作。

当时，发射卫星是极其重大而又十分紧迫的政治任务，而人造卫星地面观测工程又是极其庞大的，它包括基建、通信和测控设备等一系列配套工程的建设；承担研制设备的厂所和为地面台站基建施工的单位从北到南，从东到西，涉及全国十几个省、市的近百家之多。建设如此庞大、复杂而技术难度高的系统工程，必须要有一个强有力的领导机构统管。

1967年10月，国防科委确定，陈芳允所在的“701”工程处所承担的业务和所属人员，所拥有的设备、营房等，都由导弹试验基地正式接管，编入基地第六试验部技术处。

陈芳允和他负责的卫星测控事务“一揽子”由地方转入了军队。陈芳允打心眼儿里高兴，在他眼里，基地就是戈壁滩上的绿洲，驻守基地的部队就是坚不可摧的长城。他不怕离开北京，到艰苦的地方去，他就是希望中国的卫星

卫星地面跟踪设施

能早日飞上天。

就在这一年，周恩来总理连续四次召集有关人员开会，统筹人造卫星工程的进展。周总理语重心长地说：“大家往天上看看吧！满天星光灿烂，可是还没有一颗星是我们中国的。研制和发射人造卫星是毛主席交给我们的光荣任务，要加强领导，加强团结，争取早日在天上飞起中国的卫星。”

陈芳允走进了新组建的基地六部。当时部机关设在陕西渭南，他初到渭南县城，坐上汽车向南驶上了乡间土路，沿十八盘蜿蜒而上直至塬顶。他的眼前豁然开朗：这里就要建设起中国第一个卫星测控中心了！前来迎接他的王盛元部长（后为西安卫星测控中心主任）热情地握着他的手，欢迎他来这里工作。在这片长满柿子树的山坡上，陈芳允开始描绘中国航天测控网的蓝图。

在军营里，只有他与众不同，穿着便衣，许多人便以为他是新来的老工人，称呼他“老师傅”，可他不在乎这些。

陈芳允牢记周总理的话，艰辛跋涉在通向太空的道路上。

“东方红一号”卫星属于我国空间计划中科学探测卫星系列的首发卫星，其任务是为我国的后续卫星取得必要的设计数据。具体可分为三大项：一是获得卫星本体的工作参数，二是获取空间环境参数，三是奠定卫星轨道测量和无线电遥测技术基础。由卫星的任务就可看出地面观测跟踪系统的重要性。当卫星在几百、几千乃至几万公里的高空中飞行时，其工作状态和飞行轨迹完全要靠地面测控设备来获取、调整、指挥、控制。地面设备所具有的功能就是科研人员的眼睛和手的延伸。

这犹如九天揽月！陈芳允主抓的地面测控系统要实现“抓得住、测得准、报得及时”，具体是指：卫星起飞进入轨道后，地面的跟踪测量系统要能抓得住卫星轨迹，随时掌握它的飞行动态；能将跟踪测量获得的信息和数据及时反馈给指挥控制中心，并精确、及时地预报出卫星飞经世界各大城市上空的时间，然后由计算控制中心将这些信息发往北京，再由中央人民广播电台向全世界广播；同时，地面测控系统还要指挥和控制卫星，让它按照既定轨道在太空中运行。

测控系统的设计是光学、电子学、天文学等多学科专业技术的综合运用，这对中国的科技人员来说，是无前人经验可借鉴的，只能凭自己的智慧，倾尽全部心血来钻研。

陈芳允为此拼得身心疲惫。他有一个很特别的休息方式——他喜欢自己缝补衣服和鞋袜，而且缝得有滋有味。这应该是源于他在当裁缝的祖父身边长大，不仅学得一手好针线活儿，而且喜欢自己动手。

除总体设计外，他还参加了设备研制和台站建设工作。

陈芳允和年轻的军人们一起坐上火车去为测量台站选址。他这位“老师傅”是有名的科学家，工资要比普通官兵们高一些，所以出门在外，他总是慷慨地自掏腰包请大家美美地吃上一顿解解馋。他脾气温和，人又宽容大度，年轻人都喜欢跟他出差，从他身上学习书本上学不到的东西。

其实，在那年月，出门在外实在是件艰苦的事情，比如陈芳允虽然已经是教授级研究员，但乘火车照样要和年轻人一样坐硬座，运气不好时，还要人挤人地站上大半天。火车过道上都是人，没有乘务员送水送饭，陈芳允只能背着军用水壶，渴了喝几口，饿了从军用挎包里掏出凉馒头啃上几口。就这样，从炎热的海南、广西到寒冷的戈壁滩，从东边美丽的沿海城市到西边大漠深处，都留下了陈芳允的足迹。

03

从太空传来的《东方红》

经过多方攻坚，“东方红一号”卫星终于制造完成。按计划，1968年春天应完成卫星发射的一切准备工作。然而，有人提出要在卫星上放毛主席的像章。

这可难坏了卫星技术总负责人孙家栋。人造卫星是在空间轨道上环绕地球飞行的无人航天器，它的质量是要严格把控的。孙家栋深知卫星上增加一点儿东西都是要认真论证的，卫星质量的增加会增加技术上的难度。

陈芳允不爱说话，但一涉及卫星的技术问题，他马上就站出来讲话了。陈芳允提出：“星上系统应尽量简便。”一语掷地，铮然作响，透出赤子之心。陈芳允就这样凭着严谨的科学态度，毫无保留地阐明了自己的观点。

卫星研制部门经论证后，也认为他们的建议是中肯的，最后，这一问题被呈到了周总理的面前。

1969年10月的一天，百忙中的周总理听取了卫星工作的汇报。孙家栋也趁机把埋藏在心底的这个难题向周总理做了汇报和请示。

周总理神情严肃，果断地说："对毛主席的热爱是对的，但是大家看看我们人民大会堂这么严肃的地方，也不是什么地方都要挂满毛主席像。我们大家都是搞科研的，搞科研首先应当尊重科学。……你们回去把道理给大家讲清楚，我想就不会有什么问题。"

听完周总理的这番话，孙家栋的心很是激动。困扰多时的难题终于解决了，陈芳允悬着的心也终于落了下来。于是，卫星设计专家除保证满足播放《东方红》乐曲这个要求外，对卫星总体方案又做了若干修改，大大减轻了卫星的额外负担。即使这样，"东方红一号"卫星的质量还是超过了美国的首发卫星，重达173千克。

1969年，陈芳允回到北京参加国防科委组织的"东方红一号"卫星联合试验。这次试验的目的是检验卫星与地面系统的整体设计性能，取得星地联合试验的实际参考数据。在试验现场，他一丝不苟地检查工作人员的操作，脑子里反复核对着从设计到研制过程的各个环节，直到认定整个系统万无一失。当地面各系统准确无误地接收到装有信标机的卫星所发出的各种信号后，陈芳允的脸上终于露出对试验结果满意的笑容。这次试验的成功，表明我国第一颗

位于北京西苑饭店内六号楼的电子所旧址

卫星的测控方案是可行的，整个测控系统已基本按他的总体设计方案建设完成。

与此同时，陈芳允又开始进行“实践一号”卫星的测控方案设计。“实践一号”在许多方面沿用了“东方红一号”卫星的技术成果和经验，但在遥测系统的控制方案上采用了脉冲体制。这颗卫星的设计寿命为一年，没想到的是，卫星居然在太空中“顽强”飞行了8年，大大超过了它的设计寿命。

陈芳允在完成“东方红一号”和“实践一号”两颗卫星的测控系统总体方案后，发现短波多普勒测量仪的测轨精度还不够高，于是他决定改用超短波双频多普勒测量仪。这种测量仪可以消除电离层对电波折射的影响，使得测轨精度大大提高。

陈芳允在承担卫星测控系统的总体设计任务后，深切体会到他所面临的不是针对一个课题、一种设备的研究，而是要结合我国实际，建设整个卫星测控系统。因此，在设计测控系统总体时，他非常注重依靠集体的力量来完成这项重任。陈芳允常对同事们说：“我们每个人的力量是有限的，只有把个人的力量融入集体中，依靠集体的智慧和力量，我们才能完成联通天地的航天测控网。”

1970年4月，陈芳允出差来到上海科学仪器厂，又开始了新型卫星的测控设备研制工作。24日傍晚，陈芳允和几个年轻人漫步在灯火辉煌的外滩，仰望着繁星闪烁的夜空，突然，他听到身边电线杆顶端的高音喇叭里传出庄严的宣告：“我国第一颗人造地球卫星‘东方红一号’发射成功了！”中央人民广播电台播出的新闻公报，犹如一声春雷在神州大地炸响，引出了惊天动地的欢呼声。陈芳允的心也像黄浦江水涌起了春潮，他激动得挺直了身躯，在心底不住地感慨：中国人站起来了，中国成为世界上第五个能发射人造卫星的国家了！

高音喇叭里传出《东方红》的乐曲声，他站在电线杆旁如醉如痴地听着。

上海人民兴高采烈地拥上街头，敲锣打鼓地结队游行，庆祝胜利的欢呼声响彻夜空。而陈芳允依然静静地站在高音喇叭下，不时有人路过他的身旁，疑惑地瞄一眼这位眼镜先生，不明白他为什么没有像别人一样高呼革命口号——他们无论如何都想不到这颗卫星的成功发射和这位相貌普通的眼镜先生有着密切的关系。

陈芳允的脸上洋溢着坦诚的微笑，他的艰辛努力收到了成果。几年来，他背着军用挎包赴边疆，下海岛，到大漠荒原、深山峡谷、南疆海岸去勘查选点，脸晒黑了，衣服磨破了，人也更显老了。他那朴素的样子就像电影里的老炊事班班长，以致他到上海、北京等地出席有关卫星技术的论证会议时，门卫总是不信任地多盘问他几句。如今他站在上海外滩，自然也显得有些格格不入。而此时，这些都不重要了。

陈芳允担任总设计的“东方红一号”卫星的测控系统，

实现了“抓得住、测得准、报得及时”，而且在轨道测量精度上与其他国家相比也达到了较高水平。我国第一颗卫星测控任务的圆满完成，为中国卫星测控网的建立奠定了基础，也竖立起了中国航天的第一个里程碑。《东方红》吹响了中国人挺进太空的号角。

04

遥控卫星回到“家”

1963年，美国通过返回式卫星发现苏联正在建造反导弹武器，美国以此为依据指责苏联违反双方签署的反导弹条约。1964年，美国“科罗娜”卫星绘制出苏联全部25个远程导弹基地的地图，还发现了中国腹地的罗布泊基地（中国第一颗原子弹成功引爆的地点）。而中苏关系恶化后，苏联也用返回式间谍卫星实施对中国的军事监视和侦察……这给国人敲响了警钟：中国必须有自己的返回式卫星！

1970年初冬的某日，大雪把渭南的塬顶盖得严严实实，到处是白茫茫的。就在塬上的一所中学里，陈芳允正趴在破旧的课桌上制订着返回式卫星的测控和回收方案。

当时生活条件很差——一间教室里搭着两排通铺，20多人挤在一起住；冷风从门缝、窗缝钻进来，屋里燃着炉火却依然寒气逼人。陈芳允就是在这样艰苦的条件下绘制出中国航天测控网的蓝图的。

那时人们经常看到他伏在桌上陷入沉思。他在解难题时，总爱静静地坐在桌前，手持一支铅笔不停地在纸上写些让人看不懂的符号。

当初，以“东方红一号”卫星为主体的地面测量一期工程的主要职能是跟踪测量和轨道计算，还不能对卫星实施控制。而发射返回式卫星，不仅要能使它飞上太空，还得能遥控指挥它对指定区域进行探测，最后还要用无线电波发射控制指令，让它完成任务后从天上返回地球，这样就必然对返回式卫星的测控精度提出了更高的要求。规模庞大、技术复杂的二期工程很快全面展开了，陈芳允和同事们满腔热情地投入这项科研任务中。

二期工程由跟踪、遥测、遥控、数据处理、回收、时间统一、通信和调度指挥等系统组成，是一期工程的扩充和发展；主要特点是实时性强、测量手段多、测量精度高，提高了遥测能力，增加了遥控和回收功能。二期工程除原有的渭南卫星测控中心和7个测控站外，又新建了长春、闵西、拉萨测控站和第一、第二活动站，以及回收测控站，从而扩大了跟踪、观测的范围。

陈芳允设计的测控网包括跟踪测量系统、遥控系统、数据处理系统、监控显示系统和通信系统，为此陈芳允绞尽脑汁，“为伊消得人憔悴”。

陈芳允自从到渭南建设测控网后，连着几年都在外地出差、开会，每年在北京的时间不超过一个月，有时休探亲假回家，他还是围着卫星转。他的妻子沈淑敏也是位科学家，夫妻俩在各自的科研领域里刻苦攻坚，越来越忙。

陈芳允对妻子说：“咱俩都忙着搞科研，咱们的家、咱们的儿子总得有人管呀！”沈淑敏爽快地说：“我是母亲，儿子我管，家务我全包。中国航天要发展，你就一门儿心思干事业吧。”

身为科学家，沈淑敏也承担着生物医学方面的许多重大科研课题，但为了支持丈夫的事业，她情愿多做一点儿，再多做一点儿。

沈淑敏曾说过：“别看芳允满脑袋里转的都是卫星，其实他很知道心疼我。有时晚上换下来的衣服来不及洗，第二天要出去开会，他就悄悄把脏衣服藏在书房里，然后才出家门。”

有了家人的支持，陈芳允一心扑在了科研事业上。

1975年11月26日，中国的返回式卫星乘坐“长征二号”火箭从酒泉卫星发射中心飞上太空。然而，卫星绕地球转了一圈儿后，地面测控专家发现卫星上的气源曲线直线下降。卫星自带的气源瓶是保障飞行三天用的，如果气压下降太快，卫星难以坚持飞行三天怎么办？

当时，卫星回收对中国航天人来说还是第一次。时任国防科委副主任的钱学森带领相关科技人员火速乘专机从发射场来到西安卫星测控中心。

虽然出现了异常情况，但并不意味着就此放弃。

钱学森叫来卫星回收轨道计算组组长祁思禹，开门见山地问："卫星还能不能坚持？"祁思禹果断回答："能坚持。"钱学森两眼一亮，盯着祁思禹又追问道："你敢担保卫星能按时返回吗？你凭的是什么？"

祁思禹猛地把军帽一摘，坚定地说道："就凭我这一头白发。"话一出口，他忍不住看了一眼身后的测控专家陈芳允，然后，脸上又充满了自信。

钱学森说："你认为能坚持，那就按你的意见办。"

祁思禹盘算着卫星上装了足够三天拍照用的胶卷，当然多飞一天比少飞一天好。

卫星果然又坚持了一天。然而，让人更为吃惊的是，从胶东测控站接收到的数据看，气源瓶压力居然还是原来的数值，没有一点儿变化。第一天气源曲线下降太快让人提心吊胆，第二天数值毫无变化同样令人紧张得直冒冷汗。

很快，地面测控设备对卫星进行了各方面的测试，星上其他数据均正常。

指挥部召开了紧急会议，中心议题是：卫星回收定在何时。

当时有一部分人担心，卫星一旦突然没有气源，将无法返回地面，因此主张立即回收卫星，避免前功尽弃。

陈芳允深思熟虑后认为，卫星已经飞行了两天，气压数值应该继续下降，现在气压没有变化，说明有可能是数据传输系统出现故障，应该相信我们的卫星能按计划回收成功。最终，指挥部决定，卫星飞行三天后在贵州回收。

果然，卫星按预定方案在太空飞行了三天，又按回收指令成功返回。

钱学森在测控中心亲自指挥，当看到测控系统运行正常，并顺利地引导卫星返回时，他激动地对站在身边的卫星姿态控制系统专家杨嘉墀说：“美国在试验返回式卫星初期，经过多次挫折，直到发射第13颗卫星才顺利回收……”

中国从1975年至1992年，成功发射了13颗返回式卫星。每一次成功，都得益于测控系统和其他各系统的全力支持。

有了多次成功的发射经验做基础，终于，2003年中国人的千年飞天梦想实现了，中国“神舟”飞船不仅能送航天员遨游太空，还能带他们平安返回到祖国的怀抱。

6 第六章 绿色军营建奇功

01

花甲之年穿军装

60岁，对于一个军长来说也该退休了，可陈芳允偏偏就在60岁那年实现了加入中国人民解放军的愿望。在此之前，陈芳允已经在国防科委所属基地搞了整整十年卫星测控系统的建设工作，他盼望自己能成为这支绿色部队的一员。

有人说："花甲之年说明一个人的黄金时光已过。"可陈芳允偏不信，他还有许多想法没有实现，他的价值还没有充分体现出来。

这个花甲之年的新兵刚穿上军装，就被任命为国防科委洛阳跟踪与通信技术研究所副所长。

陈芳允看着镜子里的自己，觉得绿色军装使他焕发了青春，他还不老，还可以继续为卫星测控事业贡献力量。60岁了，他又站在了新的起点上，开始了新的生活。

陈芳允在工作中

有趣的是，和他一起上任的还有他的老朋友沈荣骏。他们都是中国航天测控事业的开创者，虽然年龄差距较大——沈荣骏比陈芳允小20岁，但这并不影响他们成为忘年交，两个人在工作中一直配合默契。

加入中国共产党是陈芳允早已有的愿望，他想先参军，然后再入党。参军的愿望实现后，陈芳允入党的愿望也越来越强烈了。

经过一年多的考察，沈荣骏觉得陈芳允基本符合中国共产党员的条件，就鼓励他写入党申请书。

虽然入党是陈芳允多年的愿望，可当他拿起笔来写入党申请书时又有点儿不自信了，在心里嘀咕，自己是个从旧社会走过来的知识分子，和他一样的老科学家们大多是党外人士，他刚入伍，党组织能同意他入党吗？陈芳允把写好的入党申请书悄悄地放在抽屉里，等待时机。

沈荣骏对陈芳允说："旧社会走过来的知识分子有什么不好？你用自己的知识为祖国的国防科技事业做出了很大贡献。你应该放下包袱，积极向党组织靠拢。"沈荣骏作为陈芳允的入党介绍人，思想上开导他，工作上支持他，科研上配合他。

1977年，陈芳允光荣地加入了中国共产党。这一年，陈芳允已经61岁了，但他觉得自己焕发了革命的青春。

02

为“远望号”解决电磁干扰问题

1965年，为适应我国洲际导弹、潜地导弹、人造卫星等技术的发展，周恩来总理主持召开中央专委会，提出建立我国远洋靶场船队的设想，并责成国防科委拟订具体建造计划。1967年7月18日，国防科委将“导弹靶场测量船与卫星跟踪观测船合型，建造远洋靶场综合测量船”的报告上报中央专委。1968年6月，经毛泽东主席、周恩来总理批准，著名的“718”工程正式启动。

当时世界上仅有美国、苏联建造了远洋测量船。我国从零开始，国家要求一次研制成功，因此任务十分艰巨。

1979年9月，张爱萍将军在上海主持召开了“718”工程协调会议，他强调：“1980年，我国要完成向太平洋发射洲际导弹的定型任务，截至1979年12月31日，测量船队必须完成出海执行任务的一切准备工作。谁完不成任务，咱们就学诸葛亮斩马谡。”

远洋测量船的建造是一个国家科技发展水平和综合国力的体现。我国先后建造成功了“远望一号”和“远望二号”远洋靶场综合测量船，并分别于1977年8月和10月试水成功，这使中国成为继美国、苏联和法国之后，第四个拥有远洋测量船的国家。

但是，“远望号”仅仅能航行于太平洋还不够，它更重要的任务是在海上跟踪测量飞行在太空的航天器。

走上甲板就能看到：船顶上的激光经纬仪像缩小了的天文台；傲然昂首的超远程雷达像只巨大的喇叭向着太空，似乎是在宣布“远望号”是座海上科学城；那形状各异、用途不同的天线好比是海上科学城的“眼睛”，它们有的像鱼骨，有的像喇叭，有的似神鞭，有的似梅花，构成一个神奇美妙的天线世界。如果耐心地数一数，你就会发现船上60多部天线，它们各有分工，有的用于航天测量，有的用于全球通信，有的用于全球导航定位，还有的用于高空气象观测……它们连接着船体内的指挥控制中心、计算机室、雷达站、通信站，以及其内的船舶导航系统、气象预报系统等。在火箭、卫星飞行时，中央计算机控制船上各种测控设备迅速捕获目标，实时处理各种数据，并通过船上的卫星通信站将收集到的信息发回陆地指挥控制中心。

这样问题就来了：船体长191米，宽22.6米，甲板就那么大，船上的60余部天线、上千台电子设备一旦都工作起来，电波互相干扰，这有限的空间里就变得热闹非凡。

有一次，一位国防科委的领导到船上检查工作，正好看到工作人员晚上加班加点进行技术测试，天线都在工作，就连甲板旁边铁栏杆的接缝处似乎也在接收信号，凑热闹似的闪着小火花，噼里啪啦地发出吓人的响声。他赶忙松开扶着栏杆的手，焦急地对陈芳允说："这怎么能行？"

这的确是一个令人头疼的问题。船体内有计算机，雷达和各种通信、导航、气象测量等仪器设备，甲板上又布

"远望号"单独出海，测控设备正常工作

满了60余部形状各异的天线，电磁干扰严重时，个别设备甚至无法正常工作。

于是，陈芳允、吴紫英、宴震乾、张惠军等人组成了攻关组。他们查阅了大量资料，发现美国和苏联的大型测量船后面都跟着一艘通信船。如果按照国外的方法，就要给"远望号"增加一艘通信船，让它像尾巴一样跟随"远望号"出海，"远望号"用小功率发射机将数据发送到通信船上，通信船再用大功率发射机发回国内，以完成通信任务。但这样既延长了时间，又会增加许多人力、物力的支出。

于是，陈芳允首先提出能不能减掉通信船，由测量船在测量的同时实现与国内通信。

实现的关键是解决船上众多设备之间的电磁兼容问题。为了解决这个问题，陈芳允和跟踪与通信技术研究所的工程师在“远望号”上考察，认真研究。为使这些预定的频率稳妥可靠，陈芳允几次亲自跟船出海进行试验，不断改进方法，最终采取“频率分配法”解决了这个问题，做到了在那台几十千瓦的大功率发射机在船头发出强大的电磁波时，遍布在甲板上的各种雷达和其他无线电设备照样可以不受干扰，各自完成自己的职责。这种“频率分配法”使“远望号”可直接使用本船的通信设备，与远隔数千公里的陆地上的测控中心正常通信。

“远望号”终于甩掉了尾巴——通信船，轻装上阵，节约了人力、物力。

1986年，陈芳允又提出新的设想方案，为“远望号”

研制成功船载微波统一测控系统。这套系统在设备的兼容性、自动化等方面又得到了改进。

就在这一年，陈芳允为“远望号”解决电磁干扰问题的科研成果获得了国家科技进步奖一等奖。但对陈芳允来说，更重要的是工作着，创造着，梦想着，实现着，敢于做前人没有做过的事情。

03

“双星定位”奠基北斗

每一项科技发明都是一次进步、一次飞跃。古代，人们发明了指南针（司南）帮助自己在森林里打猎、大海里捕鱼不迷失方向。后来，人们发明了雷达，为航行中的飞机、大洋上的舰船定位。如今，在茫茫的大漠里，清楚地知道自己的坐标而不致迷路，在蓝色的海洋里随时知道自己的位置而确定航向，在广阔的天空中高速飞行而时刻清楚自己的方位，可以依靠卫星导航定位系统。

陈芳允自早年从事雷达研究工作起，就一直关注导航定位系统的发展。他研究了美国的全球定位系统（Global Positioning System，缩写为GPS），这一系统为了满足全球、全天候工作，需要18颗以上的卫星，而且它只有定位功能，没有通信功能，想要使主管部门知道使用者的位置，还需要有额外的移动通信设备支撑，上下系统极为复杂且不经济。

1983年，陈芳允提出了“双星定位通信系统”的设想，经过他的同事刘志逵的详细计算证明是可行的。遗憾的是，这个新方案的出现，暂时还没有人认识到它的优越性，一时无人接受这个先进的设想。但陈芳允相信，总有一天，他的设想会变成现实。

1984年，陈芳允调任国防科工委科学技术委员会常任委员。他一直在做“双星定位通信系统”的研究，可是由于经费等问题，他遇到了不少困难，只好无奈地打“持久战”。沈荣骏调任国防科工委副主任后，对陈芳允提出的“双星定位通信系统”给予了大力支持，他出面找国防科工委计划部有关单位进行了体系试验，获得了理想的试验数据。

1985年，陈芳允因在空间科学技术领域的突出贡献，当选为国际宇航科学院院士，同时他还兼任国防科技大学的教授和博士生导师。他有很多事情要做，然而却始终放不下他研究的“双星定位通信系统”。

这一年，南京紫金山天文台召开了测地会议，陈芳允在会议讨论中再次提出了“双星定位通信系统”。他在发言中将这一系统与美国的全球定位系统（GPS）和苏联的全球导航卫星系统（GLONASS）做比较，说明美、苏的卫星系统具有导航定位能力，但精度还不算高，无通信功能，又都需要多颗卫星才可实现，而他研究的“双星定位通信系统”，仅用两颗同步定点卫星就可以覆盖很多地

喜欢读书的陈芳允在查找科学依据

区，且有通信功能，能同时定位、定时，精度更高。他的设想当即引起了与会者的高度关注。当时，国防科工委和中国人民解放军总参谋部的参会人员对陈芳允的这一设想产生了兴趣，他们认为总参测绘局需要这一系统。他们回到北京后，立即向总参测绘局领导做了汇报。这样，“双星定位通信系统”在搁置两年后，终于被总参测绘局接受，并于1986年开始预研。

事业的奇迹总是出现在奋斗者的坚韧和努力中，经过陈芳允不懈的努力，“双星定位通信系统”终于争取到和世人见面的机会。1989年9月25日，“双星定位通信系统”首次在北京进行了功能演示。

不足30平方米的临时机房就是信号接收和定位计算中心。北京某地的用户设备利用我国定点于赤道上空东经87.5度和110.5度的两颗通信卫星进行试验，经计算机处理参数，一秒钟后显示屏上就出现了这个用户的精确地理位置，与档案记载的位置误差在20米以内。而且这个系统还可以进行简单的报文通信和授时。

次日，就有媒体发布了这个振奋人心的消息：利用两颗卫星将快速定位、通信和定时一体化并获得理想的试验数据，这在国际上还是首次，快速定位精度达到了国际先进水平。这项卫星应用尖端技术，标志着我国独立开发利用卫星通信资源有了新的突破。

1993年，“双星定位通信系统”被列为“九五”计划。同年，“双星定位通信系统”正式立项研制。

十年时间，陈芳允终于有机会把自己的设想变成现实，他是多么高兴和激动啊！他知道，任何一个想法再美好，再神奇，如果不能实现，就等于零。而在这个过程中，沈荣骏给了他极大的帮助。

陈芳允是有创新意识的战略科学家，沈荣骏是有科学头脑的专家型领导，他们总是把科研项目放在国家的战略发展层次上去考虑，从国家的高度去谋划科技的发展。几十年来，陈芳允想搞什么新的科研项目，就去找沈荣骏商量，听取他的意见。而沈荣骏不管工作多忙，总是认真听取这位老科学家的意见。他们因航天测控网而结缘，又因相互信赖而友谊长存。

到如今，经过几代航天人的努力，在此基础上发展起来的中国北斗卫星导航系统已经造福于神州大地，现已服务于世界。

第七章 描绘跨世纪蓝图

01

“863”计划的倡议者

在竞争日益激烈的今天，一个科学家“战略思考”的能力很多时候比他的技术水平更为重要。因为他的战略眼光可以带动整个国家的科技进步，他的科学思维也必将为政府决策提供重要参考。

1985年是陈芳允硕果累累的一年，也是他的事业展示辉煌的一年。陈芳允因在“东方红一号”卫星、“尖兵一号”返回式卫星的研制中做出突出贡献，并在1984年成功试验通信卫星及微波测控系统，从而获得了两项国家科学技术进步奖特等奖。与此同时，他负责的通信卫星测控总体系统工程获得了国家科学技术进步奖三等奖。这一年，陈芳允还当选为国际宇航科学院院士。

陈芳允的面前开满了胜利的鲜花，然而，他依旧荣辱不惊。他对科研事业看得很重，对荣誉却看得很淡。他信

1991年“863”工作会议上留影
前排从左至右：陈芳允、杨嘉墀、王淦昌、王大珩
后排从左至右：朱丽兰、宋健、丁衡高、朱光亚

奉诸葛亮《诫子书》中的名言“非淡泊无以明志，非宁静无以致远”，从不争名夺利，像高山，似流水。

陈芳允这个人又永远喜欢站在起跑线上，这就注定了他要不断地思考问题，不断地选择新的视角、新的目标去突破。而这次“搅”得他不得平静的不是他所从事的科研项目，而是一件国家大事。

这件事他已经想了很久很久。进入20世纪末期，人们看到的更多的是中国与世界发达国家的现实差距：经济的差距、物质生活的明显差距等。而对于陈芳允这位永不停歇的老科学家来说，他思考的是：在世界大舞台上，中国的科学技术怎样参与日益激烈的国际竞争，为自己的国家和民族赢得有利的地位呢？自己该怎样跳出自己的学科，使祖国的科技战略跨上一个新台阶呢？

1983年，美国正式提出了“星球大战”计划，试图以军备发展来带动高新技术和国民经济的全面振兴，抢占21世纪的战略制高点。

1984年，日本出台了振兴科技的政策大纲，确定“科技立国”的基本国策。

1985年，包括法国在内的西欧17国联合制订“尤里卡①”

①“尤里卡”是希腊语，意为“我发现了”。2000多年前，大科学家阿基米德在洗澡时，一个新想法使他高兴得连衣服都忘了穿就跑了出来，喊着：“尤里卡，尤里卡……”从那时起，“尤里卡”便成了“发现”与“发明”的同义语和代名词。

计划，以确保西欧在世界科技市场和世界政治格局中的地位。

紧接着，苏联也制订了高科技发展纲要。

这些拥有先进科学技术的国家都着眼于21世纪的科技发展，难道他们仅仅是为了防御，仅仅为了科学吗？并非如此，他们是为了提高综合国力，提高各自国家的国际影响力。

陈芳允心里非常明白这一点。他虽然没有像阿基米德那样跳出浴盆大喊着“尤里卡”，但他“发现”了，他开始默默地行动。这是他一贯的风格——勇往直前，锲而不舍，做出来再说。

1986年初春的一天，陈芳允像往常一样在爬楼梯。他的办公室在六楼，他不坐电梯，总是喜欢一步一个台阶地走上去。尽管这一年他已经70岁，可他从不服老。

陈芳允一走入六楼会议室，便听见大家正在讨论美国的“星球大战”计划，讨论中国到底应该怎么办，中国的高科技应该怎样发展。

陈芳允立刻表明了自己的态度，他说："在科学技术飞速发展的今天，谁能占领高科技领域的制高点，谁就可能在国际竞争中占据优势。由于我国经济实力的限制，目前还不可能全面发展高科技，但我们在一些优势领域首先突破是可能的。"

著名光学专家王大珩马上接着发言，对陈芳允这一观点表示支持。王大珩研究的是作为人类眼睛延伸的光学仪器，所以他习惯于"远距离"看问题，从长计议。

会议结束，陈芳允的思考可没结束。他坐在写字台前，脑子里还是在想这件事，他拿起笔在白纸上一连写了好几个"刻不容缓"。

这天晚上，陈芳允吃过晚饭，想找人聊聊，捋清思绪。他认为有关中国高科技发展的国家大事，不是他单枪匹马就能干成的，此事应该列入国家的大政方针中去。于是，陈芳允敲响了有同样想法的王大珩的家门。

王大珩一看老朋友来了特别高兴，连忙起身给陈芳允沏上一杯茶。

一贯不急不慌的陈芳允，此时却有点儿急不可待，开门见山地说："我看中国高科技的发展不能再耐着性子等下去了，咱们得好好讨论一下这关系到国家前途的大事应该怎么办好。"

两位老科学家越聊越觉得，面对美国的"星球大战"计划，中国不能作壁上观。中国虽然已经有了导弹、原子弹、氢弹等先进的国防武器，可是随着高科技的发展，别人都在前进，中国也必须要有自己的"杀手锏"，提高中国的综合国力，以科学技术促进经济的发展，才能国富民强。

最后，陈芳允说："我们光这样谈不行，我们还应该把想法报告给党中央。要不我们联名给党中央写封信吧，这样事情会好办一些。"

"当然可以！"王大珩赞同道，"这个想法太好了！这封信我来起草，把咱们的意见反映给上级领导。"

陈芳允看王大珩主动承担起起草这封信的重任，非常高兴："好，这封信就由你来写吧！"

陈芳允走后，王大珩就睡不着觉了。

王大珩虽然思维敏捷，精力充沛，但想到此次事关重大，他怕自己文笔不好，词不达意。于是，他躺在床上捋清思路，第二天去找文笔好的潘厚任帮忙写初稿。可初稿拿来后，王大珩觉得没有把他和陈芳允的意思表达出来，于是决定还是自己写。这样，他前前后后忙了一个多月，和陈芳允反复讨论，多次修改，最终形成了一份《关于跟踪研究外国战略性高技术发展的建议》的初稿。

陈芳允认为，高技术的重大特点之一是学科的横向渗透、纵向加深、合纵连横、综合交错，它需要多种知识的融合，多种学科人才的共同合作，从而创造出前所未有的综合学科型新产物。

接下来，陈芳允和王大珩又去找我国核物理学界的泰斗王淦昌。王淦昌把他们拿来的建议一看，爽朗地说："这个想法好，我同意。”

当时三位老科学家想到空间技术是高技术中的重要组成部分，于是又去找了自动控制系统和卫星姿态控制系统的专家杨嘉墀。

四位著名科学家聚到一起，逐字逐句地对建议信进行推敲后，郑重其事地签上了自己的名字。

四位老科学家把自己对科学的执着，对祖国科学事业发展的一腔热情融进了建议信的字里行间。他们呼吁党中央，我国的建设不仅要着眼于近期效益，还要为20世纪末、下个世纪初的经济建设和国防安全打基础；提出了全面追踪世界高技术的发展，制订中国高技术发展计划的重要建议。而且他们一致认为，真正的高技术是花钱买不来的，中国急需培养新一代高技术人才。

最终，这封沉甸甸的建议信，被放在了邓小平的办公桌上。

作为中国改革开放总设计师的邓小平，对中国的科学技术发展极其重视。他用政治家的智慧与气魄，提出了“科学技术是第一生产力”，他也正在思考中国的发展与前途。邓小平把四位老科学家的建议信认真看完后，果断做出如下批示：此事宜速决断，不可拖延。于是，国务院便召集有关方面的负责人以及200多名科学家进行了充分调研论证，最后制定出《高技术研究发展计划纲要》。由于四位科学家上书的时间和邓小平批示的时间都在1986年3月，所以这个计划又被称为“863”计划。

“863”计划从世界高技术发展趋势和中国的需要与可能出发，突出重点，选择了对我国发展有重大影响的7个高技术领域的15个主要课题来进行高科技的攀登。

02

"两弹一星"功勋

中华民族的智慧，中国的创造力，往往需要一些标志性的成果来证明。"两弹一星"凝聚着中国科学家的智慧，展现了中国人民的志气，体现了中国强大的国防实力。

1999年9月18日，党中央、国务院、中央军委在人民大会堂召开大会，隆重表彰为我国"两弹一星"事业做出卓越贡献的科技专家，陈芳允就是受表彰的23位科学家之一。

当"两弹一星功勋奖章"挂在陈芳允的脖子上时，他为中国"两弹一星"做出的贡献将永远记载在中华民族的光辉史册上。

陈芳允取得了辉煌的成绩，但他并不居功自傲。他说，从"两弹一星"看，每一次成功都凝聚着千百万人的奋斗和创造，所以辉煌和光荣不是属于哪一个人的，而是属于每一个在这条战线上埋头苦干的无名英雄。

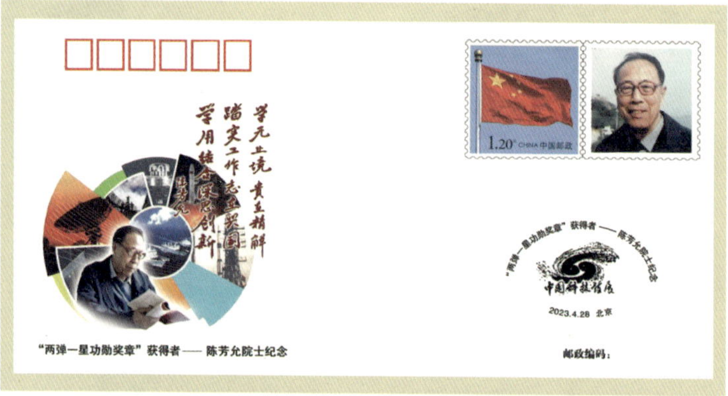

2023 年 4 月 28 日，“两弹一星功勋奖章”获得者陈芳允院士科技封首发

1999年盛夏，陈芳允因患多种疾病住进了医院，他感到自己力不从心了，但他乐观、豁达地面对这一切。在他看来，一个人最大的快乐莫过于在自己喜爱的工作中度过一生，并且能看到自己工作的成就。而这些，他已拥有。

他在医院里愉快地迎接了新千年的到来，并且参加了我国第一颗人造卫星发射成功30周年的纪念活动。那几天，他特别高兴。而1983年他在国际上首次提出的“双星定位通信系统”，在1989年成功地进行系统功能演示后，也被列入“九五”计划，现在工程项目已建成，并被定名为“北斗”，卫星即将发射升空，马上就要为国家经济建设服务，这更是令他欣慰不已。

陈芳允自知留给自己的时间不多了，所以即便是住院期间，他也没有一刻停下思考，停下工作。

有人劝他，都这么大岁数了，又有病，还要工作，何必呢？到最后自己也不一定能看到开花、结果……

陈芳允笑笑，他还是一如既往：只要让他种下种子，种子能生根、发芽、长大、开花，那结果、收获的事，就留给后人吧。

尾 声
太空中多了一颗陈芳允星

那么，陈芳允要留给后人什么呢?

在陈芳允去世前的一个月，和他一起发起“863”计划的老科学家王大珩和杨嘉墀到解放军总医院来看望他，三位科学家虽然都已是80多岁的老人了，却还信心十足地要为祖国的科技发展做贡献。在医院里，三位科学家一起策划要出版一套仪器仪表方面的科技书。

在陈芳允去世前一周，程开甲院士第五次到医院来看望他。程开甲院士常常带着自己的物理学课题来找电子学家陈芳允进行跨学科交流探讨。可这一天，程开甲对陈芳允说:“我这次是专门来看你的，不谈工作，你还是好好养病吧。”陈芳允送走老朋友后，心里还在琢磨下次要跟程开甲谈谈，能否把超导用在卫星测控上。

之后，陈芳允的二儿子陈晓南去看望父亲，父亲已经病得很重了。陈晓南是搞通信的高级工程师，那天他们父子俩谈话的中心是：怎样把卫星导航定位和通信结合起来。两人一谈就是好几小时，陈芳允把自己的所思所想全都倒给了儿子。陈晓南万万没想到，那天的长谈竟会成为自己与父亲的最后一次谈话。

陈芳允在医院里住了大半年，没有给儿孙留下一句遗嘱，他见客所言皆是卫星，他留下来的全部嘱托都是对中华民族科技发展的期望。

2000年4月29日，陈芳允在北京解放军总医院因病辞世，享年84岁。

就在这一年10月31日，陈芳允盼望已久的“北斗一号”首星发射成功。同年12月21日，“长征三号甲”运载火箭将第二颗北斗导航试验卫星送入地球同步轨道，至此，北斗一号导航系统建成。双星组成的北斗一号导航系统能全天候、全天时（24小时）提供卫星导航信息，还具备短报文通信服务能力。从此，我国成为继美国、俄罗斯之后，第三个拥有自主卫星导航系统的国家！陈芳允的遗愿终于实现了。他走了，但他的科学发明和贡献长留人间，造福人类。

2001年10月，经国际天文学联合会小天体命名委员会批准，国际永久编号为10929号的小行星被命名为“陈芳允”星。

浩瀚的太空中多了一颗陈芳允星。如今，仰望苍穹，这颗陈芳允星与北斗卫星交相辉映，仿佛在用另一种方式守望夜空，引领、激励着新时代广大科技工作者踔厉奋发，勇毅前行，开拓创新，勇攀高峰。

千百年来，人们曾依靠北斗七星寻找方向，如今北斗卫星导航系统经纬天下，指点着神州大地的位置和方向。可以说，正是陈芳允敢于有梦，勇于追梦，才使“北斗”在浩瀚星空闪耀，造福地球村的人民。

科普知识

人生路必曲，仍须立我志。

竭诚为国兴，努力不为私。

——陈芳允

航天技术

探索、开发和利用太空以及地球以外天体的综合性工程技术，又称空间技术。航天工程是用于航天系统，特别是航天器设计、制造、试验、发射、运行、返回、控制、管理和使用的工程，其理论基础是航天学。

人造地球卫星

在空间轨道上环绕地球运行的无人航天器，简称人造卫星。人造卫星是当今人类发射数量最多、用途最广、发展最快的航天器。随着科学技术的发展，人造卫星已经广泛应用于科学研究与探测、气象预报、地球资源普查、通信、导航等领域。人造卫星按用途可分为科学卫星、技术试验卫星和应用卫星三大类。

运载火箭

火箭是依靠发动机向后喷射产生的反作用力推进的飞行器。火箭自带推进剂（燃烧剂与氧化剂），不需要空气中的氧助燃，所以既可在大气中飞行，也可以在外层空间飞行。火箭在飞行过程中，燃料燃烧产生推力，而且随着推进剂的消耗，质量不断减轻，高空摩擦力减弱，于是产生很大的加速度。火箭达到第一宇宙速度时，便可以脱离地球引力在太空运行。运载火箭是将航天器，如人造卫星、飞船、空间站以及星际探测器等送入太空预定轨道的运载工具。

返回式遥感卫星

返回式卫星指完成飞行任务后返回舱再入大气层并返回地面的人造卫星。返回式遥感卫星是利用装载在卫星上收集目标地物的电磁波信息的遥感设备进行遥感观测的返回式应用卫星，它被广泛应用于大地测量、资源勘探、资源普查、交通建设、城市规划等领域。

发射窗口

指适合运载火箭发射的时间范围，这个范围的大小也称为发射窗口的宽度。对于航天器而言，确定发射窗口，实际上是根据约束条件来确定飞行轨道与特定对象（如太阳、月球、空间站等交会对象）之间的相对位置，同时也充分考虑满足发射条件的其他特殊技术要求。

通信卫星

指作为无线电通信中继站的人造地球卫星。通信卫星通过转发无线电信号，实现地球站之间或地球站与航天器之间的无线电通信，可以传输电话、电报、传真、广播、电视等信息。卫星通信具有通信距离远、传输容量大、覆盖区域广、通信质量好、经济效益高等诸多优点，成为现代通信的重要手段，是世界上应用最早、最广的人造卫星之一。通信卫星通常运行在赤道上空约36000公里的地球静止轨道，围绕地球运行一圈的时间与地球自转一圈的时间基本一致。

导航卫星及全球卫星导航系统

导航卫星是通过星上发射无线电信号，为地面、海洋、空中和空间用户进行导航定位的人造地球卫星。卫星导航系统由导航卫星、地面台站和用户导航定位终端设备三个部分组成。利用卫星进行导航定位，具有精度高、全天候、全球覆盖和用户设备简便等许多优点，在军民两个领域均发挥了极其重要的作用。目前，世界建成使用的全球卫星导航系统有：中国北斗卫星导航系统（BDS）、美国全球定位系统（GPS）、俄罗斯格洛纳斯卫星导航系统（GLONASS）和欧洲伽利略卫星导航系统（GALILEO）。

气象卫星

从太空对地球及其大气层进行气象观测的人造地球卫星。气象卫星具有观测范围大、气象数据传送及时迅速、观测质量连续完整的特点。气象卫星的轨道分两种：一种是太阳同步轨道（也称极轨道），卫星围绕地球南北两极运行，利用地球自转的原理，完成对地球气象信息的观测和传输，具有全球覆盖、观测区域广阔等优点；另一种是地球静止轨道，卫星相对于地球静止且通常在赤道上空与地球自转同步，一颗卫星的观测范围可达地球表面的40%。我国气象卫星从无到有，从弱到强，实现了从跟跑国外卫星，到并跑，再到部分领跑的跨越；目前具备高低轨组网的全球观测能力，为超过120个国家和地区提供风云气象卫星资料；气象观测的综合性能达到了世界先进水平，被世界气象组织列入国际气象卫星序列，是全球气象观测的主力气象卫星系统。

看不见的“风筝线”

航天测控网如同布置在地球上空的一张庞大天网，始终对太空中飞行的人造卫星、飞船、空间站以及航天员的“一举一动”实施跟踪监测和控制，所以人们常常把太空中人造卫星、飞船、空间站这些航天器以及航天员比喻为风筝，把遍布地球上的测控站以及分布在三大洋的航天测量船等比作牵着风筝的那条看不见的风筝线，而地面指挥控制中心的测控、通信技术人员理所当然就是那放风筝的人。

航天测控网由若干个分系统组成，地面部分通常包括通信传输系统、时间统一系统、计算机数据处理系统、指挥调度系统、跟踪测轨系统、遥测遥控系统等，与之相关的还包括测控网运行管理中心、航天飞行控制中心、测控站、测量船、中继卫星系统和多种传输线路以及相应的设备。

航天测控及通信传输系统

主要是对火箭及航天器的飞行轨迹、姿态和其上各分系统的工作状态进行跟踪测量、监视与控制，用于保障火箭及航天器按照预先设计好的状态飞行和工作，并完成科学数据传输等预定任务。

众所周知，当航天发射场的指挥员下达“点火”口令后，火箭携带着卫星、飞船等航天器飞入太空，在飞行过程中，测控网分秒不差地对火箭和航天器进行跟踪、测量；当火箭把卫星、飞船等准确送入太空预定轨道后，测控网开始对卫星、飞船或空间站进行长期、全天时的跟踪、遥测、控制，同时按照地面的指令接收它们传向地球的各种技术数据。

想要日复一日不间断地对航天器进行跟踪、测量、控制，同时实时完成各种数据的接收与发送，仅靠中国境内的测控站是不够的。为了保证测量控制的准确性和连续性，尤其是为了满足中国空间站正常运行以及航天员在太空长期工作的需要，中国已经在地球的不同位置完成了测控站建设。

测控网操作便捷灵活，指令、数据发送接收准确可靠，使中国航天测控科技跨入世界先进水平。

航天测控及通信传输系统是个综合系统，“测”是采用多种手段对飞行器进行远距离测量，根据获得的数据掌握火箭、航天器的飞行状态和飞行轨迹，判断它们工作正常与否；“控”是通过地面发送指令，使航天器准确执行指令，保证正常工作；“通信”则是位于地球不同位置的测控站、指挥控制中心与在太空运行的飞行器之间进行实时天地信息交换和传输。我们看到的“天宫课堂”就是通过航天测控网实现的。

北斗导航与航天测控网

随着人类活动范围的扩大，人们对方向辨别、行走者的动态位置和目标定位等功能需求日益强烈，经常会遇到“在哪里（自身位置）”“要去哪儿（目标位置）”“怎么去（行径路线）”等问题，这就是最基本的导航概念。

使用航天测控网，实现在地球上任意一点、任何时刻的高精度导航定位的卫星导航定位系统，是一项高水平的科学技术应用，也是一个国家综合国力的体现。

2020年，“北斗三号”全球卫星导航系统建立空间星座的卫星全部发射成功，进入空间长期管理模式，标志着系统圆满建成并投入运营。“北斗三号”全球卫星导航系统由空间段、地面段和用户终端组成。空间段由3颗地球静止轨道卫星、3颗倾斜地球同步轨道卫星和24颗中圆地球轨道卫星共30颗卫星组成；地面段由主控站、注入站和监测站组成；用户终端，即可以接收北斗导航系统发送的位置信息，也能根据接收的信息进行计算后，输出所需要的经纬度、高度、速度、时间等信息的设备。

卫星导航技术不仅能为人们的日常生活服务，也广泛应用于航天领域，比如：运载火箭上装上高动态导航接收机，便可测定火箭飞行、加速以及入轨的精度；飞船在太空变轨后，利用导航接收机可以快速测定轨道位置；飞船返回地面时，导航系统能帮助人们预测或掌握飞船着陆位置；利用导航系统，还可以高精度同步全球各航天测控站的时间，并能够准确测定航天测量船在大洋中的位置、航速和航向。

月球探测与航天测控网

中国探月工程按照“三步走”战略实施：第一步“绕”，即发射一颗我国自主研制的月球探测卫星，实现探月卫星脱离地球轨道，进入月球轨道并获得全月图的目标；第二步“落”，即软着陆器环月飞行后落在月球表面，突破在地球以外天体的着陆技术；第三步“回”，即实现无人采样返回，突破在月球着陆采集物质后返回地球的技术。

万事开头难。在发射探月卫星之前，中国航天测控最远距离只达到7万公里，而月球和地球的最近距离都大于38万公里；并且探月卫星从发射到绕月飞行，每时每刻都离不开测控。

发射及飞行入轨阶段，我国在菲律宾以东和波利尼西亚附近的太平洋海域分别部署了一艘航天测量船，与2018年中国发射成功的、世界首颗地月通信中继卫星“鹊桥号”遥相呼应，协调配合，完成了对月球探测器的跟踪、测控。

卫星环绕月球后，为了保证既能全天候对准月球观测、太阳能电池板始终对准太阳，又能保持天线一直对准地球发送数据，接收指令，地面系统进行了适应性改造。在北京和昆明新建了当时国内直径最大的天线（50米和40米），并充分利用已有的在上海佘山和新疆乌鲁木齐的两部直径25米的天线。在卫星经过中国上空时，4部天线协调工作，圆满完成了对探月卫星各个轨道段的遥测、遥控任务。

完成了第一步“绕”和第二步“落”后，就是第三步“回”了。我国在阿根廷相继完成了深空测控站的建设和35米天线的安装，形成了较为完善的深空测控网，使月球深空航天器的测控覆盖率达到90%。在实施探月工程第三步“回”的时候，我国以测控站国际联网的方式，与欧洲航天局法属圭亚那库鲁测控站进行了合作，成功实现了探月返回器的“回家”。

2020年11月24日凌晨，“嫦娥五号”月球探测器又从文昌航天发射场离开地球，踏上奔月的征程，这后面的飞行—环地球—变轨—环月球—分离—落月—采样—月面起飞—月轨对接—月地转移，并于2020年12月17日凌晨，携带着从月球表面采集到的样品，成功降落在内蒙古四子王旗的指定位置，这之中的每个细微动作，都与航天测控网密不可分。

测控系统与火箭飞行轨道测量

矗立在发射台上的火箭、卫星或飞船，发射前已经按计划完成了与测控系统的联试联调工作。从发射指挥员下达火箭“点火”口令，火箭发动机喷射烈焰，伴随着剧烈的轰鸣声离开发射台向太空飞行的那一刻开始，一直到火箭把航天器准确送入预定轨道，每一刻，测控系统都在对火箭进行跟踪、测量和监控，实时掌握火箭飞行的位置、速度、姿态、方位角和俯仰角；测控站与火箭上的装置有效结合，互为补充，可以将所获取的数据与理论数据进行比对，实时为指挥人员提供可靠准确的技术数据，确保发射任务圆满完成。

对火箭飞行的跟踪测控，除了使用雷达设备外，还会使用应用了红外技术、激光技术的现代光学测量设备——它们能够跟踪并连续拍摄300公里以外的火箭飞行图像，这是普通光学望远镜无法媲美的。

另外，火箭上还安装有相应的摄像头，能够拍摄到火箭发动机等关键部位的工作状况。拍摄到的这些实况信息，经过先进的图像数字转换技术处理后，再由无线电信号传回地面，这样人们就能看到火箭飞行中的实际状态。

后　记

科学兴则国家兴，少年强则民族强。为青少年读者撰写北斗卫星创始人之一、“两弹一星”功勋科学家陈芳允的故事，对我来说是一件很有意义的事情。

我 16 岁参军，到戈壁大漠的酒泉航天城工作，之后又奔赴大凉山的西昌卫星发射中心，目送了一次次火箭搭载着卫星、飞船飞上太空。而立之年，我调到了北京总部机关，在我工作的办公大楼六层聚集着一批国防科技领域的顶尖科学家，这使我幸运地能与科学家面对面交谈。而陈芳允院士的办公室和我的办公室只有一墙之隔。

回忆往事，深感科学家们共同的特点是：从小爱学习，爱读书；志存高远，勇于创新；为祖国做出卓越贡献。这使我想到，写科学家的故事不仅是为孩子们提供精神食粮，让孩子们开阔视野，还为孩子们明天的成长种下科学的种子，在以后的日子里生根发芽，开花结果。

飞速发展的时代，变化太多太多。而令人尊敬的科学家的故事将会伴随着他们的科学贡献永远流传下去。

无数个夜晚，一代又一代少年儿童仰望星空——第一次分辨天上银河，第一次观察北斗七星……星星的故事神秘莫测，唯有北斗，默默地为人们指引方向，照亮前路。面对浩瀚苍穹，心中有定数，便不会迷路，未来才能大有作为。

我期盼着，小读者们能从书中感受到科学的魅力，进而立志科学强国。

马京生

2022年5月7日